KB068048

내 삶을 변화시키는

감사의 기적

내 삶을 변화시키는

감사의 기적

황성주 지음

청민
미디어

범사에 감사하세요.
생각과 관점만 바꾸면 감사할 일이
너무나 많습니다.

감사력을 키우세요.
나와 우리와 세상을
바꿀 강력한 힘입니다.

범사에 감사하는 마음으로

강원도 횡성 둔내면은 산소가 많은 곳입니다. 감사의 기적이 일어나는 곳입니다. 여기서 시작한 암 환우들을 위한 '힐링 스테이'는 사랑이 많은 공동체입니다. 무엇보다 감사가 넘치는 곳입니다. 고통을 은총으로 여기는 곳입니다. 어느 날 산책을 하다 〈옥수수 밭〉이라는 시를 쓰게 되었습니다. 이렇듯 작은 행복을 누리는 곳입니다.

〈옥수수 밭〉

둔내 언덕배기에
가즈런히 붙어
모두가 우등생인 꼬마들

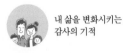

내 삶을 변화시키는
감사의 기적

고운 속살 내비치며
그냥 살아가는 옥수수 친구들

폭포소리 시냇물
폭풍같은 실바람

낮에도 보이는 별빛
밤에도 따스한 햇빛

모두 모여
옥수수의 삶이 되고
밥이 된다

　이러하듯 모든 삶의 재료가 행복의 조건이 되고 감사의 근
거가 되는 삶, 인간이라면 누구나 꿈꾸는 삶이 아닐까요. 인
생을 정리해야 할 상황에 놓인, 상태가 매우 어려운 환우들이
온종일 웃고 감사하는 것은 기적입니다. 무엇보다 그들은 범
사에 감사합니다. 범사에 감사하는 사람들은 자신을 이기고
세상을 이깁니다. 횡성에서 암 환우들과 함께 지내는 감동은
정말 대단한 것입니다.

나의 꿈은 그저 '복음을 전하는 좋은 의사'가 되는 것이었습니다. 하지만 하나님 보시기에 쓰임새가 더 많았는지, 그 헤아릴 수 없는 은혜 속에서 여러 사역을 하고 있습니다. 의대 교수, 통합 종양학 개척자, 병원장, NGO 겸 선교단체 설립자, 크리스천 기업 CEO, 생명과학연구원 원장, 대안학교 이사장, 30여 권의 책을 낸 저술가, 시인, 출판사와 잡지사 및 인터넷 TV 등의 미디어 운영자, 아프리카 오지에 설립된 대학 총장 등 여러 직함을 갖고 활동하면서 궁극적으로 세계 복음화와 하나님 나라를 위해 헌신하고 있습니다. 이 모든 사역에 감사력이라는 원동력이 있었습니다. 범사에 감사하는 마음이 없었다면, 동역하는 사람들이 없었다면 무엇 하나 제대로 해낼 수 없는 일들이었습니다.

이제 독자 여러분이 나와 같은 감사력 전도사가 되었으면 하는 마음으로 조심스럽게 손을 내밀어봅니다. 이 책은 그렇게 내미는 나의 손입니다. 세상은 나 혼자 바꿀 수 없습니다. 혼자서 주장하면 하나의 목소리에 지나지 않지만, 모두가 함께 움직이면 사회적 운동이 되어 세상을 변화시킬 수 있습니다. 우리가 함께 움직이지 않으면 세상은 변하지 않습니다. 움직이지 않으면 절대 변하지 않습니다.

이 책 한 권이 '나'를 변화시켜 감사력을 키울 수 있는 자

그마한 계기가 되었으면 합니다. 그리하여 독자 여러분의 삶에 더욱 깊고 풍성한 감사가 넘치게 되길 희망합니다. 감사합니다.

황성주

CONTENTS

PART 2
감사력은 생각의 전환과 상황 재구성으로부터

01 범사에 감사한 삶

02 생각의 전환과 상황 재구성의 힘

PART 3
감사력을 키워주는 일상의 습관

01 기적의 언어 습관

02 일상에서 키우는 감사력

PART 4
삶의 처음과 끝에서 "감사합니다!"

01 인생을 완성하는 '감사'

PART

1

몸과 마음을
건강하게 해주는
'감사'의 힘

01

부작용 없는
강력한 항암제, 감사력

"암에 걸렸습니다."

안타까운 일이지만 암은 이제 더 이상 특별한 질병이 아닙니다. 국민 3명 중 1명이 걸리고 있으니, 누구나 걸릴 수 있다고 봐도 과언이 아닐 것입니다. 나는 지난 40년간 많은 암 환우를 치료해왔습니다. 수많은 사연을 품에 안고 찾아오는 사람들을 보면서 그리고 재발했다는 사람들을 보면서 공통점을 하나 찾아낼 수 있었습니다. 그것은 바로 분노가 많은 사람일수록, 범사에 감사할 줄 모르는 사람일수록 암에 걸릴 확률이 높다는 것입니다.

암의 발병 원인을 살펴보면 유전적 요인이 약 6%, 환경적 영향과 생활 습관이 약 94%입니다. 전자는 선천적, 후자는 후천적 요인이죠. 이처럼 암이 발병하는 것은 선천적 유전 요인에 기인하는 경우보다 흡연이나 섭식 등 잘못된 생활 습관과 스트레스 등을 통해 스스로 만든 '후천적 유전자 변이'에 의한 경우가 더 많습니다. 이러한 것을 '후성 유전학'이라고 합니다.

이 후천적 발암 요인을 범사에 감사하는 삶의 태도로 어느 정도 제어할 수 있다는 결론을 얻었습니다. 특히 스트레스와 불평불만, 분노를 제어하는 데서 '감사'의 역할이 매우 중요했습니다.

사실 우리의 몸은 암세포가 생기면 면역세포라는 군인들이 공격해서 없애버리도록 설계되어 있습니다. 자가 치유력이 있는 것이죠. 이 면역세포들은 전투력이 엄청난 대군입니다. 따라서 인간은 암에 걸리지 않아야 정상입니다. 하지만 많은 현대인은 자신의 몸과 마음을 방치하면서 자가 치유력을 잃었습니다. 이것이 암 환자가 줄어들지 않고 있는 이유입니다. 특히 스트레스 등의 이유로 몸과 마음이 혼란한 상태에서는 면역세포들이 적과 아군을 구별하지 못하면서 싸움을 포기하게 됩니다. 심지어 암이 면역세포를 속이는 물질을 만들어내면서 전의를 상실하게 합니다. 암은 이렇게 전략적입니다.

　암은 어디서부터 시작되어 우리의 몸을 지배하는 것일까요? 대부분의 사람 몸에는 암이라는 나무가 뿌리를 내리고 있습니다. 평소에는 조용히 공생하면서 살고 있지만, 나쁜 생활 습관이나 스트레스 등으로 말미암아 면역력이 약해지면 활성화되면서 가지를 뻗어 올리고 나뭇잎이 무성해지는 것입니다. 특히 몸의 주인이 분노와 미움 같은 나쁜 감정을 품으면 그것을 자양분 삼아 더욱 잘 자랍니다.

　암의 치료 과정에도 주목할 필요가 있습니다. 우리는 암의 나무가 성장한 것을 인지한 뒤 병원을 찾습니다. 병원에서는 나무 밑동을 잘라내는 수술을 한 뒤 항암제라는 제초제를 뿌리거나 암을 태워버리는 방사선 치료를 해줍니다. 그런데 눈에 보이는 암만 잘라내면 끝일까요?

　안타깝지만 암의 뿌리는 그리 쉽게 사라지지 않습니다. 이는 잡초를 다 제거했다고 생각했는데, 비만 오면 쑥쑥 땅을 뚫고 올라오는 것과 비슷한 이치입니다. 암의 뿌리를 완전히 제거하지 않으면 내외부적 요인에 의해 언제라도 재발할 수 있는 것입니다. 현대인들이 워낙 암이 좋아하는 질병 환경 속에 살고 있으니 재발이 쉽죠.

　그렇다면 어떻게 암의 뿌리를 완전히 제거할 수 있을까요?

혹은 어떻게 암의 나무가 마음대로 성장하지 못하도록 제어할 수 있을까요?

최선의 방법은 분노와 미움 같은 나쁜 생각을 버리고 감사와 사랑 같은 좋은 생각과 행동을 많이 하는 것입니다. 너무 교과서적인 설명이지만 사실입니다. 건강한 생각은 면역력이라는 보호막을 두껍게 만들어주기 때문에 암의 뿌리가 쉽게 뚫고 올라올 수 없습니다. 그래서 범사에 감사한 자세로 살아가는 사람들은 병원을 찾을 일도 줄어들게 되는 것입니다. 앞으로 계속 설명할 '감사'야말로 부작용이 절대 없는 항암제입니다. 예방약으로 또는 치료제로 장기 복용을 해도 전혀 문제가 없는 명약이 바로 '감사약'인 것입니다.

암에 대한 생각의 전환

"스트레스받지 마세요. 암에 걸렸다고 금세 죽는 것은 아닙니다.
안 걸렸다고 영원히 살 수 있는 것도 아니고요."

내가 《암은 없다》, 《면역관리 없이 암 완치 없다》, 《암 재발은 없다》 등 암 관련 책을 쓴 이유는 환우들에게 정확한 지식

을 전달하고, 오해나 착각의 늪에 빠지지 않게 도와주고, 암은 결코 두려워할 대상이 아님을 알려주기 위해서였습니다. 요컨대 암에 걸렸을 때 두려워하면서 병원이나 의사에게 절대적으로 매달리지 말라는 것입니다. 예를 들어보겠습니다.

어느 날 A는 의사에게서 "암인 것 같습니다. 정밀검사가 필요합니다" 하는 청천벽력 같은 말을 듣습니다. 세상이 무너질 것 같은 A는 "얼마나 더 살 수 있나요? 선생님, 살려주세요" 하면서 의사에게 매달립니다. 암과 싸워보겠다는 의지 없이 의사에게 목숨을 맡기는 정신적 약자가 되는 것입니다. 이미 극심한 스트레스 환경 속에서 살고 있었던, 어떻게 보면 그래서 암에 걸린 A는 '죽음'이라는 단어를 떠올리면서 질병 시스템 속으로 한 발 더 빠져들게 됩니다. 거기는 상상 이상으로 스트레스가 꼬리에 꼬리를 물며 반복되는 뫼비우스의 끔찍한 공간입니다.

마음이 급해진 A는 어디 병원이 좋은지, 어떤 의사가 명의인지 수소문해보기 시작합니다. 병원을 예약하고, 상담 날짜를 기다리면서 점점 마음이 약해집니다. 의사의 오진이 아닌지 의심도 합니다. 곧 죽을지도 모른다는 생각의 늪에 빠져 허우적거리고, 수술 날짜를 받아놓고 기다리면서 또 엄청난 스트레스를 받게 됩니다. 수술실에서 죽을 수도 있다는 생각에 유서부터 쓰는 성급한 행동을 하기도 합니다.

충분히 이해합니다. 아프니까 병원을 찾아가는 것은 매우 당연하고 또 현명한 결정입니다. 누구라도 비슷합니다. 하지만 선행되어야 할 일이 두 가지 있습니다. 우선 질병 시스템 속에서 살던 나를 암이 생존할 수 없는 면역 시스템, 치유 시스템으로 옮겨놓는 일부터 해야 합니다. 그리고 병을 이겨내겠다는 결심을 해야 합니다.

A는 암에 걸렸다는 진단을 받은 이후 심신이 더 약해졌을 것입니다. 극심한 스트레스가 가중되면서 면역력이 더 떨어졌으니 암이 더 빠른 속도로 진행되었을 것입니다. 그러니 어려운 수술을 견디기 힘들 것이고, 예후 또한 좋지 않을 것입니다.

강한 의지를 통해 질병 시스템에서 벗어나는 것이 급선무입니다. 암에 걸릴 수밖에 없는 환경, 즉 스트레스는 평소 그대로 받으면서 암 나무의 밑동만 잘라내는 수술부터 생각하는 건 그 순서가 틀렸다는 것입니다.

'암 덩어리만 잘라내면 완쾌되겠지' 하는 착각도 버려야 합니다. 암이라는 것은 어느 날 갑자기 불쑥 자라지 않습니다. 움츠리고 있다가 기회가 왔다 싶을 때 가지와 나뭇잎을 뻗어 올립니다. 나를 둘러싼 환경을 치유 시스템으로 바꿔놓지 않으면 암은 언제든지 재발할 수 있으니 병에 걸린 원인이나 문제부터 해결해야 합니다.

또한 이겨내겠다는 환우 개인의 의지가 없으면 아무리 치료를 잘해도 재발하기 십상입니다. 수술이 능사는 아닙니다. 병에 걸린 다음에 행해지는 사후약방문일 뿐입니다. 평소에 '감사'를 통해 마음의 면역력을 높여 몸의 건강을 유지해야 합니다.

케냐에 있는 '사랑의병원'에서 의료봉사할 때였습니다. 현지인들을 진료하다가 위암에 걸린 마사이족 여성을 만날 수 있었습니다. 놀랍게도 암이 너무 커져서 몸 밖으로 돌출되어 있었습니다. 육안으로도 확인할 수 있을 만큼 컸죠.

"이렇게 된 지 얼마나 되셨습니까?"

"20년이 되어갑니다."

말기 암을 몸에 지니고도 그렇게 오랫동안 살아 있다는 사실이 무척 놀라웠습니다. 놀라운 일은 계속 이어졌습니다.

7년 후 다시 케냐에 갔다가 그 환우를 만났는데, 암 덩어리가 조금 더 커지긴 했지만 여전히 정상적인 삶을 살고 있었던 것입니다.

이런 기적이 가능했던 이유는 암을 대하는 환우의 태도에 있었습니다. 정작 본인은 암에 걸렸다는 사실을, 암이 얼마나 무서운 것인지를 몰랐습니다. 그냥 '몸에 뭐가 있구나' 했던 것이죠. 암이 별 의미가 없었기 때문에 공포나 절망감도 없었고, 이로 말미암은 스트레스가 없었기에 힘든 일 또한 없었던 것입니다. 자연스럽게 치유 시스템 속에 있었던 것입니다.

암 환자는 암 때문에 죽기도 하지만 생각 때문에도 죽습니다. 암은 투병 자체가 힘들기도 하지만 자포자기, 죽음에 대한 공포, 재발에 대한 무지, 면역력 저하, 상실감, 영양실조, 스트레스 등이 중요한 패인이기도 합니다. 암에 걸렸다는 말을 듣는 순간 '아, 나는 이제 죽었구나' 하는 생각에 사로잡혀 싸울 힘을 내지 못하는 것입니다. 이미 정신적으로 패배를 인정해버렸으니, 당연히 육체적으로도 이길 수가 없죠. 결국 가장 중요한 것은 암을 대하는 태도입니다. '암을 대하는 나의 태도'를 바꿔야, 즉 암을 바라보는 생각을 전환해야 병을 극복할 수 있습니다.

암에 걸렸는데 감사하다?

많은 환우를 치료하면서 갖게 된 확신은 스트레스가 암의 주원인이라는 것입니다. 스트레스가 면역력을 현저하게 떨어

뜨리기 때문입니다. 스트레스를 거의 받지 않는 정신적 시스템 안에서 사는 지적 장애 환우가 암에 덜 걸리는 것도 같은 이유입니다. 그래서 암 치료는 수술도 중요하지만, 스트레스가 심한 환경에서 벗어나 치유 시스템으로 들어가는 것이 더 중요하다고 강조하는 것입니다.

"말이 쉽죠. 어떻게 스트레스 없이 살 수 있나요?"

나를 둘러싼 환경이 뜻대로 되지 않고, 그래서 심신이 괴로우니 스트레스로부터 자유로울 수는 없을 것입니다. 물론 천사 같은 사람도 괴로움이 있고, 스트레스를 받을 것입니다. 그래서 스트레스는 방지보다 해소가 중요한 것입니다. 피할 수 없으면 즐기라는 말이 있지만, 실상 즐길 수는 없으니 잘 풀어내야 합니다.

일상생활을 하면서 받은 스트레스가 쌓이고 쌓여서 울화가 되지 않도록 미리미리 잘 풀어야 하는데, 그 해소법 중 최고가 범사에 감사하는 것입니다. 여유를 가지고 인생을 관조하는 것, 문제는 반드시 해결된다고 믿고 천진난만하게 웃어넘기는 것이 중요합니다. 암에 걸린 것은 분명 불행한 일입니다. 하지만 암에 걸린 것을 받아들이고 오히려 감사하겠다는 태도를 보이는 환우들은 상대적으로 완치가 잘됩니다.

예를 들면 암 발병을 통해 자신을 돌아볼 기회를 얻게 된 것에 감사하고, 일상과 가족의 소중함을 알게 된 것에 감사하고, 건강의 중요성을 깨닫게 된 것에 감사하고, 그래서 겸손하게 살겠다는 각오를 하게 된 것에도 감사함을 느끼는 태도가 그것입니다. 이런 사람들은 스트레스를 오랫동안 쌓아두지 않기 때문에 면역력이 더 나빠지지 않는 것입니다.

암 환우들을 위한 '사랑한그루' 힐링 캠프를 진행할 때의 일입니다. 한 50대 여성 환우가 이런 고백을 했습니다.

"암에 걸리기 전에는 정신없이 살았는데, 이제 제정신이 든 것 같습니다. 지금까지 인생을 헛되게 살았는데, 이제 제대로 된 인생을 사는 것 같아요. 한 송이 꽃, 푸른 하늘, 맑은 시내, 은은한 달빛, 한 줌의 흙, 한 줄기 호흡, 한 번의 맥박, 그 모든 것이 감사할 뿐입니다."

그 환우의 넘치는 감사 고백에 놀라움을 금치 못했습니다. 나뿐만 아니라 고백을 들은 참석자 모두가 깊이 공감하며 범사에 감사함을 표했습니다. 이처럼 암에 걸린 것은 분명 불행한 일이지만 범사에 감사하는 사람에게는 암마저도 축복이 될 수 있습니다.

지난 2007년 1월, 백혈병으로 세상을 떠난 이정표 어린이가 있습니다. 초등학교 5학년 때 발병했는데, 골수이식을 한 뒤 아이는 엄마에게 이렇게 말했습니다.

내 삶을 변화시키는
감사의 기적

"난 비싼 등록금을 내고 사립학교에 다니는 친구들, 학원에서 공부하거나 과외받는 친구들이 전혀 부럽지 않아. 왜냐고? 난 병원이라는 학교에서 소아백혈병이라는 전문 과목을 1년 동안 온몸으로 배웠고 숨 쉬고 살아 있는 게 얼마나 대단하고 감사한 일인지 알잖아. 난 친구들이 감히 상상도 하지 못하는 1억 원짜리 고액 과외를 받았어. 파란 하늘, 맑은 공기 이런 걸 느끼기만 해도 얼마나 행복한지 몰라. 학교 다닐 때는 운동장의 흙을 밟고 다니는 게 당연하다고 생각했는데, 지금은 그 흙이 너무 감사해. 한 줌 흙을 떠서 혹시라도 거기서 지렁이가 나오면 '오! 아가' 하며 살아 꿈틀대는 모습에 감격할 거야."

감사의 소중함이 무엇인지 깨달은 아이는 자신에게 골수를 기증해준 이름 모를 일본인에게도 편지를 썼습니다.

'46세의 남자분께. 아저씨, 저에게 소중한 골수를 나누어주셔서 감사합니다. 다른 사람들은 골수를 주지 않으실 때도 있었는데 정말 감사해요. 그리고 죄송해요. 참 어려운 결정이셨을 텐데. 정말 제 모든 것을 다 드리고 싶어요. 아저씨가 주신 골수 소중하게 받았고, 잘 살게요.'

1년 9개월 동안의 투병 과정을 《정표 이야기》로 엮어낸 어머니는 출간 기념회 자리에서 이렇게 소감을 밝혔습니다.

"정표가 살아 있었다면 '책을 읽어주셔서 감사합니다. 저는 백혈병을 이겨낸 아이입니다. 제가 절망하지 않고 병과 싸울 수 있도록 도와주신 여러분 모두 감사합니다'라고 했을 겁니다."

아이와 그 어머니의 마음이 얼마나 예쁘던지, 나 또한 너무 감사했습니다.

의학적으로 볼 때도 '범사에 감사'를 하면 스트레스가 줄어들면서 행복 호르몬인 세로토닌 분비가 증가합니다. 이를 통해 면역 기능이 회복되고 저항력이 강해지기 때문에 병원이 포기한 말기 암 환자도 오래 살 수 있습니다.

현재 암 투병 중인 독자도 있고 그렇지 않은 독자도 있을 것입니다. 어떤 상태이든 '감사약'을 꼭 복용하길 권합니다. 전자라면 치료약으로, 후자라면 예방약으로 복용하길 바랍니다. 앞서 언급한 것처럼 암은 국민 3명 중 1명이 걸리는 흔한 병이 되어버렸습니다. 그러니 가정상비약처럼 '감사약'을 복용하라고 거듭 권합니다. 그리고 다시 강조합니다.

너무 스트레스받지 마세요. 암에 걸렸다고 모두가 바로 죽는 것은 아닙니다. 암에 걸리지 않는다고 영원히 살 수 있는 것도 아닙니다. 이미 찾아온 암이니 내 몸의 일부로 받아들이고, 역설적이지만 그 안에서 감사거리를 찾아보길 권합니다. 스스로 찾아오는 스트레스를 막을 길이 없다면 생각의 전환

내 삶을 변화시키는
감사의 기적

을 통해 '범사에 감사하는 마음'으로 해소하길 바랍니다.

마음 돌봄으로 지키는 몸의 건강

우리 마음속 깊은 곳에는 암 나무 외에 감사 나무도 있는데, 둘은 천적입니다. 감사 나무에 사랑, 용서 등의 좋은 비료를 많이 주면 잎이 무성해지면서 암 나무가 자랄 수 없도록 그늘을 만들어버립니다. 암 나무가 가장 싫어하는 따스한 환경이 조성되는 것이죠.

암을 치료하기 위해선 암의 뿌리를 완전히 제거해야 하는 것처럼 마음이 건강한 삶을 살고자 한다면 감사 나무의 뿌리부터 돌봐야 합니다. 마음의 뿌리가 썩었다면 아무리 화사한 꽃의 얼굴과 파릇파릇한 새순의 입으로 "감사합니다"를 연발해도 소용없습니다. 이것은 마치 일본인의 다테마에(建前: 겉마음)와 혼네(本音: 속마음)처럼 겉과 속이 다른, 형식적인 말 꾸밈일 뿐입니다. 그래서 우리는 마음 저 깊은 곳에서 우러나오는 감사를 진짜 감사로 칩니다.

요컨대 불평과 불만, 불신과 미움, 시기와 질투 같은 것이 감사 나무의 뿌리에 달라붙지 못하도록 해야 합니다. 뿌리가 썩으면 당연히 가지와 잎도 말라버립니다. 열매도 열리지 않고, 꽃도 피지 않습니다. 결국 병원에 가야만 하는 상황에 이릅니다.

마음 돌봄의 중요성은 백번 강조해도 부족함이 없습니다. 명심할 것은 누가 대신 내 마음을 돌봐주지 않으니 나 스스로 깨닫고 움직여야 한다는 점입니다. 스스로 돌보지 않은 감정은 몸과 마음을 병들게 합니다.

실제로 내과 질환의 원인 중 약 70%는 내면의 문제와 관련이 있습니다. 예를 들어 쉽게 분노하는 다혈질의 사람들은 심장병이나 고혈압에 걸리기 십상입니다. 분노를 온전하게 다스리지 못하면 암, 위궤양, 과민대장증후군, 비만, 고혈압, 대상포진 등 다양한 내과 질환을 유발할 수도 있습니다. 또한 죄책감은 신경계 질환, 스트레스는 소화기 질환, 탐욕은 면역계 질환, 정욕은 내분비 질환, 두려움은 호흡기 질환이나 공황장애, 질투심은 근골격계 질환의 원인이 되기도 합니다.

이처럼 몸의 병들이 마음으로부터 오는 경우가 많으니, 건강해지고 싶다면 마음부터 다스려야 합니다. 그래야 면역력도 자연스럽게 강화됩니다.

몸의 면역층이 얇아지면 암의 뿌리가 다시 뚫고 올라오지만, 마음의 면역층은 오히려 얇을수록 좋습니다. 그래야 마음

속 저 깊은 곳으로부터 감사의 나무가 쉽게 혹은 자주 뚫고 올라와 세상을 따뜻하게 만들어줄 수 있기 때문입니다. 아프고 불쌍한 사람을 보면서 눈시울을 붉히는 이들은 마음의 면역층이 얇은 사람들입니다. 이들은 안타까운 일 앞에서 즉각적으로 감정을 드러내는데, 그런 만큼 쉽게 행동으로 표출합니다.

반면에 그것은 남의 일이라고 딱 잘라 고개를 돌리는 사람들은 마음의 면역층이 경화(硬化)된 사람들입니다. 스스로 딱딱한 달팽이집을 만들고 그 안에 숨어버린 사람들이죠. 감정도 함께 숨기면서 "나는 그 정도 일에는 면역이 생겨서 마음이 움직이지 않아"라고 말하곤 합니다.

감동에 무뎌진 삶을 살면 절대로 감사한 삶을 살 수 없습니다. 감동이 없는 사람은 타인을 사랑할 수 없을뿐더러 결국 건강한 삶과는 거리가 멀어지게 됩니다.

오늘도 무사히 살아 있음에 감동하고, 그래서 감사한 마음을 표출하고, 안 좋았던 일은 옷과 함께 벗어놓고 웃는 얼굴로 잠을 청해야 건강하게 살 수 있습니다. 그렇게 오늘 감사하는 삶을 살면 내일 다른 사람에게서 "감사합니다"라는 말을 들을 최소한의 자격 요건을 갖춘 셈입니다.

1. 골수 이식받음

2. 살아 있음

3. 따뜻한 주변 분들

4. 내 보물 1호 가족

정표는 위의 네 가지 때문에 자신이 행복하다고 마지막 메모지에 적었습니다. 1번을 제외하고는 지극히 평범한, 그래서 대부분 사람이 소중함을 깨닫지 못하는 일상일 것입니다. 그 사소한 것을 더 오래 누리지 못하고 떠난 정표를 생각하니 가슴이 아픕니다. 꽃다운 나이에 온전히 피어보지 못한 채 안타까이 세상을 떠난 정표에게 이 지면을 빌려 이 말을 꼭 전합니다.

"진정한 감사가 무엇인지 우리에게 알려줘서 정말 고맙구나."

혹시 여러분은 오늘 어떤 일에 감사함을 느꼈나요? 지금 잠깐 하루를 찬찬히 돌아보세요. 그러면 감사한 일들이 떠오를 것입니다.

오늘도 무사히 살아 있음에 감동하고,
그래서 감사한 마음을 표출하고,
안 좋았던 일은 옷과 함께 벗어놓고
웃는 얼굴로 잠을 청해야
건강하게 살 수 있습니다.

암이 좋아하는 것,
싫어하는 것

불평불만, 암이 좋아하는 감정

"나도 모르게 불쑥 생기는 감정을 어떻게 하란 말인가요?"

좋은 감정들은 면역력 개선에 도움 되지만 불평, 불만, 불신, 미움, 시기, 질투, 분노처럼 나쁜 감정들은 마음의 병과 더불어 몸의 병까지 불러온다고 설명한 바 있습니다. 조금 더 구체적으로 살펴볼까요?

우선 불평과 불만은 현재 내가 처한 환경에 만족하지 않는 삶의 태도입니다. 범사에 만족하지 않는 사람들의 공통점은

내 삶을 변화시키는
감사의 기적

'이래도 불만, 저래도 불평'이라는 것입니다. 충분히 좋은 일이 생겼는데도 '엄청나게' 좋은 일이 아니라며 불만을 품습니다. 예를 들면 갑자기 길을 가다가 100원을 주웠는데 1,000원이 아니라는 이유로 감사하지 못하는 것이죠. 또한 세상에서 오직 나에게만 주어진 일이 아니라며 불평합니다. 로또 1등이 되었지만 공동 1등인 사람들과 나눠야 하니 억울하다고 불평하는 식입니다. 이렇게 두 감정이 쉬지 않고 꼬리에 꼬리를 물고 이어지니 감사한 마음이 뿌리내리지 못하고 싹틀 기회조차 없는 것입니다.

나아가 불평불만은 옆 사람들에게도 나쁜 영향을 끼치는 몹시 나쁜 바이러스입니다. 가만히 보면 불평불만을 속으로만 하는 사람은 거의 없습니다. 끊임없이 주변 사람들을 붙잡고 불평불만을 털어놓으면서 동의를 구합니다. 그 나쁜 감정이 듣는 사람에게까지 고스란히 전해지기 때문에 나쁜 바이러스라고 하는 것입니다. 자멸에서 그치지 않고 사회 전체가 공멸의 길로 가게 됩니다. 썩은 나무 하나가 주변으로 뿌리를 뻗쳐 멀쩡한 다른 감사 나무까지 고사시키는 것과 비슷하죠.

한편 불신과 미움은 상대방을 받아들이지 않겠다는 자세입니다. 이는 대인관계의 폭을 계속해서 좁게 만들어버립니다. 상대방의 선의조차 의심의 눈초리로 대하면서 밀어내고, 미움의 감정은 눈을 멀게 하니 감사거리를 찾을 수 없게 됩니다.

시기와 질투는 상대방과 나를 비교하는 심리입니다. 잘 활용한다면 발전의 원동력이 될 수도 있지만, 의심병이나 만성적인 패배감을 안겨주기 쉽습니다. '나도 열심히 해서 저 사람처럼 성공하겠어!' 하며 자기 계발에 힘쓰면 다행인데, '나보다 못난 사람 같은데 저렇게 잘나가는 것은 인정할 수 없어! 혹시 빽이 좋은 거 아냐? 금수저라서 저렇겠지? 결국 나는 안되겠구나' 하면서 절망할 수도 있기 때문입니다. 사실 질책할 대상은 노력하지 않는 나 자신이어야 합니다. 그 눈초리가 열심히 살아서 성공한 사람을 향하면 안 됩니다.

암이 사랑하는 최악의 감정을 하나만 꼽으라면 그것은 분노입니다. 분노는 인간의 정신을 극도로 혼란스럽게 만들어버립니다. 이 감정을 제대로 조절하지 않으면 마음의 뿌리가 썩어가면서 여기저기 아픈 곳이 생기게 됩니다.

게다가 분노는 반사회적입니다. 분노의 대상을 불필요한 존재로 인식하게 되는 것은 물론이고 나아가 제거하고 싶게 만들어버리기 때문입니다. 당연히 반목을 가져올 수밖에 없는 감정입니다. 감사와 거리가 가장 멀죠.

사실 우리가 분노해야 할 유일한 대상은 인간이 아니라 '악한 것'입니다. 하지만 많은 이가 시기와 질투에 눈이 멀어 사

내 삶을 변화시키는
감사의 기적

람을 쫓아내면서 악을 따라가고 있습니다. 인간을 미워하는 사람은 결국 제 발로 악의 구렁텅이에 걸어 들어가는 결과와 마주할 것입니다. 그 늪은 불평과 불만으로 가득해 분노를 유발하게 될 것이고, 몸과 마음이 병들게 될 것입니다. 마음을 바꿔 시선을 돌리면 감사의 길이 있습니다. 어떤 길을 선택하겠습니까?

화, 낼 것인가? 참을 것인가?

요즘 시쳇말로 짜증 유발자를 '암 유발 캐릭터' 혹은 '암적인 존재'라 하고, 화나는 일을 두고 '암 유발 시추에이션'이라 한다죠? 그만큼 분노와 암이 서로 연관되었음을 우리는 이미 잘 알고 있습니다. 암으로 말미암아 고통받는 환우들을 생각하면 바람직한 표현은 아닙니다만, 의학적으로 볼 때 분노와 암은 정말 연관이 많습니다.

화를 잘 내는 사람들의 사망률이 그렇지 않은 사람보다 20% 정도 더 높다는 듀크대학교 의대팀의 연구도 있었습니다. 습관성 분노가 일시적으로 기분을 상하게 하는 것은 물론 생명까지 단축하게 만든다는 것이죠. 이는 몸과 마음의 건강이 결코 분리될 수 없음을 보여주는 좋은 예입니다.

누군가는 이렇게 항변할 수도 있을 것입니다.

"상대방이 먼저 화날 만한 행동을 하잖아요. 절로 화가 나는 것을 어쩌란 말입니까? 내가 성인군자도 아니고."

물론입니다. 인간은 연약한 감정의 동물인지라 당연히 화가 날 수도, 화를 낼 수도 있습니다. 사실 화를 너무 많이 참으면 마음의 병이 생길 수 있습니다. 그렇다고 해서 "화가 나는 족족 참지 말고 화를 내면서 사세요!"라고 말하는 것은 아닙니다. 반대로 "분노는 나쁜 것이니 무조건 참으세요!"라고 말하는 것도 아닙니다. 전자로만 행동하면 주변 사람이 떠나가고, 후자로만 행동하면 내가 주저앉을 수 있습니다.

그런데 어째 앞뒤가 좀 안 맞는 것 같죠? 화를 참아도 병에 걸리고, 화를 많이 내도 병에 걸린다니 말입니다. 그래서 중요한 것이 균형입니다. 화를 내는 방법과 그 정도, 화를 참는 수준과 적절한 해소의 균형이 중요한 것입니다. 화를 내더라도 현명하게 화내고, 참더라도 적당한 수준으로 참고, 앙금을 남겨놓지 말고 잘 해소해야 합니다.

우선 화를 성급하게 내면 안 됩니다. 먼저 그 감정을 다스린 다음에 화내야 합니다. 화가 나는 일이 생겼을 때 즉각적으로 반응하는 것이 아니라 잠깐이라도 심호흡의 단계를 거

내 삶을 변화시키는
감사의 기적

칠 필요가 있다는 것입니다. 필터링 과정도 없이 무조건 화부터 내는 것은 자기 심신을 망치는 최악의 지름길입니다. 아마 덜컥 화부터 낸 뒤 '조금만 더 참을걸' 하고 후회한 적이 있을 겁니다. 그런 후회는 한두 번이면 족합니다.

화를 참는 것은 주관적 감정을 배제하고 객관적 시선으로 분노 유발자를 바라볼 수 있을 때까지입니다. 일단 감정이 다스려지면 곧 발산될 나의 분노가 상대방한테 어떻게 도달할지 판단할 수 있게 됩니다. 도움 될지 안 될지 알 수가 있게 되는 것이죠. 도움 되지 않는 화는 가능한 한 내지 않는 것이 좋습니다.

사실 객관적 시선은 상대방을 가해자가 아닌 상처투성이인 사랑의 대상으로 볼 때만 가능합니다. 화를 내기 전에 먼저 사랑의 시선으로 상대방을 바라보길 바랍니다. 당장은 어렵겠지만 이 또한 마음을 바꿔 시선을 등 뒤로 돌리는 노력을 기울이면 가능해집니다.

그런데 '화나는 것'일까요? '화내는 것'일까요? 그게 그거 같지만 '화나다'는 수동적 표현이고, '화내다'는 능동적 표현입니다. 전자는 의도하지 않았는데 저절로 나는 것이고, 후자는 스스로 내는 것입니다.

우리는 흔히 '너 때문에 화를 낸다'보다는 '너 때문에 화가 난다'는 수동적 표현을 더 자주 사용합니다. 그런데 이 '화가 난다'에는 상대방에게 잘못이 있다는 뉘앙스가 깔렸습니다. '화를 내고 싶지 않은데, 네가 나를 자극해서 화가 난다는 것'은 은근한 남 탓입니다.

또한 "나 화났다"라고 말하면 상대방은 "화내지 말고 참아"라고 말합니다. 그러면 "그래, 내가 참자. 화나지 말자!"라고 하지 않고 "그래, 내가 참자. 화내지 말자!" 하는 능동적 표현법으로 말합니다. 이처럼 '화낸다'는 주체 스스로 화를 내는 것이므로 당연히 주체가 조절할 수 있습니다. 화를 다스리는 분노 조절은 온전히 나의 몫이라는 것입니다.

사실 화를 낸다고 해서 스트레스가 시원하게 해소되는 것도 아닙니다. 오히려 스트레스가 더 쌓이는 경험을 해보았을 겁니다. 화는 언제나 크건 작건 또 다른 화를 부르기 때문입니다. 그러니 자발적, 주도적으로 분노를 조절해서 화를 참는 것이 나 자신에게 스트레스를 덜 주는 현명한 선택입니다. 이것이 가능해지면 "감사합니다. 당신 때문에 화가 났지만, 그 덕분에 참는 법도 배웠습니다" 하고 말할 수 있습니다. 이러한 감사 마인드야말로 건강하게 오래 살 수 있는 최고의 비결입니다.

내 삶을 변화시키는
감사의 기적

화, 참을 것인가? 낼 것인가?

*"그냥 내가 참는 편이 나아요.
군이 싫다는 표현까지는 하지 않죠."*

이런 식으로 자신의 감정을 억누르다가는 병에 걸릴 수도 있습니다. 감정 억압 성향이 암 발생의 심리 요인이라는 연구도 있었죠. 무조건 참는 것만이 능사는 아닙니다. 한 번은 참을 수 있지만, 그게 반복되면 자신의 건강이 위협받습니다. 오래 참는 것도 중요하지만 내 정신이 고갈될 때까지 참아선 안 됩니다. 나아가 표현하지 않고 참기만 하면 주변 사람들에게 '아, 저 사람은 그렇게 대해도 괜찮아' 하는 인식을 심어줄 가능성이 커집니다. 반복되기 쉽다는 뜻이죠.

그러니 나의 화난 감정을 좀 더 창조적으로, 다양한 방법으로 표현하는 법을 배워야 합니다. 위에 언급한 것처럼 주관적 감정을 배제하고 객관적 시선으로 표현해야 합니다. 같은 말이라도 다르게 해야 한다는 뜻이죠.

말이 어려우면 글, 글이 어려우면 제삼자를 통해서라도 나의 감정을 표현해서 연소시켜야 하는데, 불필요한 오해를 줄이기 위해선 직접 말로 하는 것이 좋습니다. 타인의 입을 빌리거나 글로 전하면 왜곡될 수 있으니까요. 이럴 때 무엇보다 주어 선택을 잘하는 게 중요합니다.

커뮤니케이션 전문가들은 주어가 무엇이냐에 따라 '나 표현법'과 '너 표현법'으로 나누기도 합니다. 이를테면 '나'를 주어로 해서 상대방의 행동에 대한 내 생각과 감정을 전달하는 것이 '나 표현법'입니다. "나는 네 행동 때문에 상처받았어. 그래서 말인데" 하는 것처럼 내 감정이 어떠하다는 걸 솔직히 표현하는 거죠.

반대로 '너'를 주어로 하여 상대방의 행동에 문제가 있었음을 표현하는 것이 '너 표현법'입니다. 하지만 이 표현법은 "너의 행동은 그래서 문제야!" 하는 것처럼 상대를 비난하는 느낌이 있기 때문에 부드러운 커뮤니케이션을 원천 봉쇄하는 결과를 초래합니다. 따라서 이는 피하는 것이 좋습니다.

분명 솔직한 자기 표현법은 대인관계의 폭을 좁히는 게 아니라 오히려 넓힙니다. 솔직하게 심정을 표현했다고 하여 좁아질 대인관계라면 오히려 끊어버리는 게 나을 것입니다.

지금 아마 이렇게 반문하고 싶은 사람도 있을 것입니다.

"그래도 분노 유발자가 화를 돋우는데 어떻게 차분히 대처할 수 있나요?"

충분히 대처할 수 있습니다. 우리가 책을 읽고, 자아 성찰을

하고, 좋은 사람을 만나고, 범사에 감사하면서 살아야 하는 이유는 나도 모르게 올라오는 분노를 자율 의지로 조절해야 하기 때문입니다.

분노가 정말 무서운 이유는 상대와 나는 물론이고 사회마저 병들게 하기 때문입니다. 분노가 쌓이고 쌓이다가 한계 용량을 넘어서면 주변으로 퍼져나가게 됩니다. 썩은 나무뿌리의 예에서처럼 결국 내가 속한 공동체까지 망가뜨리지요. 물론 그 안에는 내 가족도 포함됩니다.

분노는 쌓아두지 말고 적절하게 휘발시켜야 각종 내과 질환의 폐해를 줄일 수 있습니다. 분노를 비롯한 부정적인 감정을 건강하게 잘 다스리면 면역력도 자연스레 좋아집니다. 면역력이 좋아지면 암의 나무가 쉽게 면역층을 뚫고 올라오질 못합니다. 하지만 방심하고 교만하면 암 나무의 뿌리가 땅 밑에서 서서히 세력을 확장해 나도 모르는 사이 감사 나무의 뿌리를 휘감아 고사시킬 것입니다.

지금 대한민국을 살아가는 현대인들이 부쩍 화를 많이 내고 우발적 범죄를 저지르는 이유는 주변에 참다운 어른이 없어서 그런 것이 아닌가 싶습니다. 분노를 통제하며 이겨내는 모습을 보여주는 롤 모델 말입니다.

또한 갑질 막말, 묻지 마 폭행, 보복 분풀이 같은 부정적 뉴스들이 하루가 멀다 쏟아져 나오면서 우리 내면 깊은 곳에 잠들어 있던 분노 유전자를 활성화하는 것은 아닌가 싶기도 합니다. 자주 접하다 보니 감각이 무뎌지면서 어지간한 분노에는 거부감이 없어지고 있는 것은 아닌가 생각됩니다. 그저 안타깝다고만 할 게 아니라 우리 모두 어른다운 어른이 되려는 노력을 게을리하지 말아야 할 것입니다. 그래야 나를 포함한 이 사회가 건강해집니다.

암이 자신을 돌아보는 계기를 만들어주기 때문에 감사의 소재가 될 수 있다고 말했습니다. 마찬가지로 분노 역시 감사의 소재가 될 수 있습니다. 분노를 참으면서 자기 수양을 할 수 있기 때문입니다. 수양을 계기로 한층 성장한 자신을 보면서 대견해하는 것도 감사할 일입니다. 무작정 화부터 내지 않고 감정을 잘 다스려서 원만히 해결하는 자기 모습에도 충분히 감동할 수 있습니다. '나는 썩 괜찮은 사람이구나. 분노 유발자가 그걸 깨닫게 해줬으니 감사할 일이네. 오늘 감사할 거리가 또 하나 늘었으니 감사할 일이다!' 하고 말이죠.

분노의 나무에서 사랑의 열매를 얻는 5가지 방법

"도대체 분노를 다스리면
무엇을 얻을 수 있다는 말입니까?"

우리는 화를 참아야 합니다. 이는 인간이 누릴 수 있는 최고의 덕목인 '사랑'을 얻기 위함입니다. 서로 사랑하면서 우리 모두 행복하게 살기 위함입니다. 분노의 나무에서 사랑의 열매, 즉 감사한 삶을 얻어내는 다섯 가지 방법을 알아보겠습니다.

1. 오래 참기

'사랑은 오래 참고, 사랑은 온유하며 시기하지 아니하며, 사랑은 자랑하지 아니하며 교만하지 아니하며.'

이는 기독교 신자가 아니더라도 많이들 알고 있는 고린도전서 13장의 말씀입니다. '사랑 장(章)'이라고 불릴 정도로 사랑에 대한 아주 적확한 정의를 내리고 있죠. 이 말씀을 인용하여 설명하자면 '분노를 다스리는 첫 번째 방법은 일단 참는 것'입니다. 그냥 참는 것이 아니라 아주 '오래' 참는 것입니다.

분노는 보의 작은 틈을 뚫고 나오는 봇물과도 같아서 일단 한번 내뿜기 시작하면 점점 더 커지게 마련입니다. 화는 화를 먹어가며 점점 더 커지는 괴물이기 때문입니다. 그러니 우선은 일단 참고 또 오래 참아야 합니다. 오래 참으면 어느새 일렁이던 수면도 자연스레 잔잔해지고 평화가 찾아오게 마련입니다. 그것이 사랑으로 향하는 여정의 출발점입니다.

입으로는 사랑한다고 하면서 오래 참지 아니하고 덜컥 화부터 내는 이는 사랑이 없는 사람입니다. 사랑할 자격도, 사랑받을 가치도 없는 사람입니다. 일단 참아야 온화하고 부드러운 태도인 온유로 나아갈 수 있고, 시기하지 않는 마음을 가질 수 있고, 자랑도 교만도 하지 않는 삶의 태도를 유지할 수 있는 것입니다.

지금 그 누구 때문에 극도로 화가 난 상태라면 이미 엎질러진 물입니다. 화를 낸다고 해결될 일이 아닙니다. 돌이킬 수 없는 그런 상황에서 화를 내면 나만 더 고통스럽습니다. 분노는 소리를 지르고 발을 구른다고 훌훌 털어낼 성질의 것이 아닙니다. 그러니 일단은 참는 것이 옳습니다.

참는 것이 중요하다고 해서 내가 탈진할 때까지 참으라는 뜻은 아닙니다. 참는다는 것이 무조건 마음속에 쌓아두라는 뜻은 아니라는 겁니다. 그리고 무작정 참는 선에서 끝이 나면 안 됩니다. 표현할 것은 표현하고, 털어낼 것은 털어내야 합니다. 눈에 보이는 수면이 잔잔해졌다고 하더라도 내면 저 깊

내 삶을 변화시키는
감사의 기적

은 곳에는 분노가 응어리처럼 똬리를 틀고 있어서 자칫 병이 생길 수 있습니다. 안 됩니다. 상대에게 상처를 주지 않는 것도 중요하지만 내가 다치지 않는 게 우선입니다.

분노를 다스려서 스스로 사라지게 만들어야 합니다. 그래야 '참음'의 다음 단계인 '사랑'으로 나아갈 수 있습니다. 일단 참고 또 참은 다음에 분노의 상대를 오히려 사랑하는 것이 중요합니다. 참지 못하면 사랑할 수 없고 온유의 부드러운 단계로 나아갈 수 없습니다. 참음과 사랑 다음은 범사에 감사하는 것입니다.

2. 범사에 감사하기

"화가 나는 것이 감사할 일이라고요?"

그럴 수 있습니다. 생각을 조금만 바꾸면 됩니다. 마음속 분노가 치밀어 올라올 때 눌러주는 영혼의 뚜껑이 바로 '감사'인데 '내가 이런 일로 화를 내다니, 내 그릇의 뚜껑이 이렇게 가벼웠구나. 반성하자'라고 생각한다면 분노거리도 충분히 감사거리가 될 수 있습니다.

또는 화를 참았다면 '내가 이 정도로 수양이 된 사람이구나' 하면서 자신을 스스로 칭찬할 수 있으니, 이 또한 감사할 일입니다.

이를 위해선 현재 '감사하지 못하고 있는 자신의 태도'를 분명하게 인식할 수 있어야 합니다. 그 성찰이 있을 때 비로소 감사하는 태도를 적극적으로 추구할 수 있습니다. 자신의 그릇을 분명하게 인식했다면 감사하는 태도로 삶을 꾸려갈 준비가 된 것입니다.

'화를 내면 나만 손해'라는 말이 있습니다. 거꾸로 "화내지 않고 가만히 있으면 바보라고 생각하고 계속 손해를 보지 않을까요?"라고 묻는 이도 있습니다. 거꾸로 생각한 김에 이렇게도 한번 생각해보죠. 참아야 하는 이 상황이 나에게 불리하고 해가 되는 것이 아니라 오히려 나 자신을 돌아보는 계기가 되었으니 감사하다고 말이죠. 내가 얼마나 연약한 존재인지, 그것이 나한테 어떻게 작용하는지, 필요한지 혹은 불필요한지 등을 검토해볼 수 있으니까요. 장점이면 키우고, 단점이면 보강해야 합니다. 그 방법이 무엇인지 찬찬히 나를 돌아볼 기회는 오직 하나입니다. 인내하는 과정에서 얻어낼 수 있습니다.

3. 권리 및 소유에 대한 인식을 바꾸기

"내 것을 뺏기면 억울해서 참을 수가 없어요. 화가 나요."

일반적으로 분노는 내 소유권을 침해당했다는 마음에서 비

롯되는 경우가 많습니다. 저 사람이 내 것을 가져갔으니 화가 나고, 남이 가진 것을 갖지 못해서 화가 나기도 합니다. 가진 것을 빼앗기지 않으려고 꽉 움켜쥐려 하니 더 화가 납니다.

이는 버려야 할 그릇된 감정입니다. 우리는 소유에 관한 생각을 다시 해볼 필요가 있습니다. 어느 것이 진정한 내 것이고, 어디서부터 어디까지가 내 것일까요? 태어날 때부터 가지고 온 것이 있나요? 죽을 때 가지고 갈 것이 있나요? 진정하고 온전한, 혹은 남에게 빼앗기지 않고 지켜야 할 내 것은 하나도 없습니다. 나누지 않는다면 더 큰 부를 얻지 못합니다.

7세 때는 빈민가에서 쓰레기통을 뒤지며 살았고, 9세 때 사촌 오빠에게 성폭행당했고, 14세 때 미혼모가 되었고, 15세 때 아이를 낳았지만 2주 만에 하늘로 보냈고, 이후 마약 복용으로 수감생활까지 하는 등 평탄치 않은 인생을 보냈지만 결국 지구촌에서 가장 성공한 토크쇼 여왕이 된 오프라 윈프리. 그녀는 이런 말을 남겼습니다.

"당신이 당신 앞에 나타나는 모든 것을 감사히 여긴다면 당신의 세계가 완전히 변할 것이다. 가지지 못한 것 대신 당신이 이미 가지고 있는 것들에 초점을 맞춘다면 당신은 자신을 위해 더 좋은 에너지를 내뿜고 만들 수 있다."

우리가 살면서 손에 넣는 것은 대부분 비슷합니다. 중요한 것은 그것으로 무엇을 하느냐에 있습니다. 내가 과감히 내려 놓아야 할 것은 무엇이고, 같이 나눠야 할 것은 무엇일까요? 스스로 답을 찾아보길 바랍니다.

인도에 갔을 때의 일입니다. 나에게 다가온 걸인에게 나는 1루피를 주었습니다. 처음에는 1루피에도 감사하던 사람이 어느 순간부터 1루피로는 부족하다는 반응을 보이기 시작했습니다. 나는 그런 그의 태도를 보고 다시 뺏어버렸습니다. 그랬더니 계속 따라붙으면서 자신의 1루피를 돌려달라고 졸라대는가 싶더니 급기야 화를 냈습니다. 내 것이니 다시 내놓으라는 얘기였죠.

"1루피가 당신 것이라고?"

나 또한 화가 치밀었습니다.

과연 1루피의 진정한 소유권은 누구에게 있는 것일까요? 내가 '이미 주었으니 내 것이 아니다'라고 생각했다면 화가 나지 않았을 것입니다. 또한 걸인이 '그것은 원래 저 한국인의 것이었으므로 내 것이 아니다'라고 생각했다면 되돌려달라며 짜증 낼 일도 없었을 것입니다. 이처럼 소유권만 내려놓아도 분노 앞에 선 나의 자세를 바꿀 수 있습니다.

또 한번은 미국에 있는 회사에 문제가 터져서 골치가 아플 뻔한 적이 있었습니다. 하지만 회사가 내 것이 아니라고 생각하고 마음을 내려놓으니 홀가분해졌습니다. '주님의 회사이니 주님이 손해 보시겠군요. 내려놓으면 주님이 다 알아서 해주실 거야' 하고 마음을 고쳐먹었던 것이죠. 손익을 따지면서 머리 아파할 필요도 없었습니다.

내가 만든 회사라고 100% 나만의 것일까요? 그 운명까지 내 마음대로 할 수 있는 걸까요? 그렇지 않습니다. 내 것은 하나도 없음을 인정하는 순간 화를 낼 일도 자연스럽게 줄어들 것입니다. 소유에 대한 인식을 바꾸면 분노의 나무에서 사랑의 열매를 얻어낼 수 있습니다.

4. 가해자를 축복해주기

"미워 죽겠다는 감정이 오히려 저를 강하게 만들더군요."

나는 좋지 않은 일이 생길 때면 '다 그럴 만한 이유가 있었을 것이다'라고 생각해버립니다. 나아가 나를 돌아볼 기회를 얻었다며 감사의 기도까지 드립니다. 미국에 있는 회사 문제도 그렇게 해결했습니다.

외부의 압력이나 가해가 오히려 나를 성장시키는 도구라고 생각해버리면 상대에 대한 원망도 어느 순간 사라집니다. 나에게 상처를 주었지만 그래서 내가 더 강해졌으니, 용서하고 오히려 감사하는 것. 이것이 생각의 전환, 상황의 재구성을 통한 분노의 다스림입니다. 그렇게 하면 가해자는 용서의 대상을 넘어 사랑의 대상이자 축복의 대상이 될 수 있습니다. 가해자를 바라보는 마음이 달라지면 나의 수면은 잔잔해지면서 분노가 가라앉습니다.

다음은 장경철 교수께 배운 것인데, 나의 내면을 지키면서 상대를 축복해주는 아름다운 인사말입니다.

"당신은 기대의 대상이 아니라 사랑의 대상입니다."

모든 인간은 불완전하므로 기대하면 실망도 커집니다. 사랑의 대상으로 삼아야 합니다.

"당신의 인격이 어떠하든지, 반응이 어떠하든지 당신을 사랑하겠습니다."

사랑의 대상으로 작정하면 그를 보는 시선이 달라집니다. 괴롭히거나 힘들게 하는 사람이 아니라 소중한 존재라는 인식의 대전환을 맞이하게 되는 것이죠.

한 발짝 더 나아가 그의 분노가 또다시 나에게 다가올 때, 즉 내게 상처를 주려고 하는 그 순간이 되면 아예 미리부터 가해자를 축복해줍니다. 이렇게 미리 관용을 베풀면 마음이 훨씬 더 편안해지죠. 이것을 '미리 감사한다'고 해서 '선(先)감사'라고 부릅니다. 이렇게 선감사를 하고 나면 나의 그릇이 커지는 것을 느낄 수 있는데, 이것이 또 감사의 소재가 됩니다.

내가 피해자일지라도 먼저 용서할 수 있는 용기 또한 중요합니다. 그래야 원하는 목적지에 도착할 수 있습니다. 용기란 두려움이 없는 '상태'를 뜻하는 것이 아니라 두려움을 극복해야 하는 이유를 알고 도전하겠다는 '마음가짐'입니다. 그런 '마음'을 '가짐'의 주체는 물론 본인입니다.

5. 오늘 안에 해결하기

"화가 나도 죄를 짓지 말며, 해가 지도록 화를 품지 말라."

오늘의 화는 오늘 안에 다스리고, 내일도 감사한 마음으로 살겠다는 다짐을 매일 밤 해야 합니다. 오늘의 혼란스러웠던 마음을 다스린 후 잠자리에 들어야 합니다. 절대로 오늘의 화를 침대까지 끌고 들어가면 안 됩니다. 고통의 불면증은 그렇게 시작됩니다.

나의 화는 누가 대신 풀어줄 수 있는 게 아닙니다. 내가 주도권을 쥐고 스스로 치료하지 않으면 언제든지 재발할 수 있습니다. 시기와 질투, 불신과 미움, 불평과 불만이 고개를 쳐들어 악의 꽃과 검은 잎을 피워낼 것입니다. 재발이 반복되다가 만성증후군이 되면 그런 나쁜 감정이 마치 원래 나 자신 자체인 것처럼 믿어버리게 됩니다. 악마의 꾐에 속아서 그런 감정이 이끄는 대로 삶을 꾸리게 되는 것이죠. 설마 여러분의 그 귀한 마음에 암이 생기는 것을 바라진 않겠죠? 이게 바로 우리가 감사한 마음을 유지하면서 살아야 할 이유입니다.

다시 강조하지만, 우리가 화를 참아야 하는 이유는 인간이 누릴 최고의 덕목인 '사랑'을 얻어야 하기 때문입니다. 서로 사랑하면서 우리 모두 행복하게 살기 위함입니다. 부디 분노의 나무에 사랑의 열매가 달리도록 몸과 마음을 다스리길 바랍니다.

매일매일 분노 내려놓기

안타깝게도 많은 사람이 상처, 아픔, 분노 속에 자신의 죄를 숨기면서 살고 있습니다. 오래 참지도 않고 죄를 짓고도 회개하지 않습니다. "당한 사람이 나인데 내가 왜 회개해야 하느냐?"고 반문하기도 합니다. 이는 사람들의 인식 속에 상처에 대한 반응은 죄와 무관하다는 사고가 강하게 자리 잡고 있기 때문입니다. 물론 상처는 죄가 아닙니다. 하지만 상처에 그릇된 반응을 보이는 것은 죄가 될 수 있습니다.

상처 입은 상황에서도 가려진 죄, 반응을 잘못한 죄에 대해 고백하고 회개해야 합니다. 그냥 넘어간다면 여러분이 손가

락질하는 저잣거리의 분노 유발자들과 똑같은 사람이 되는
것입니다. 다들 그렇게 산다는 이유로 나까지 그렇게 살아서
는 안 됩니다. 그렇게 살고 싶다면 이런 책을 읽으면서 수양
할 필요도 없습니다.

많은 사람이 묻습니다.

"저렇게 교회가 많고, 열심히 다니는 사람도 많은데 세상이
왜 이렇습니까?"

틀린 말이 아닙니다. 아무리 열심히 신앙생활을 해도 평상
시 사고와 행동이 일반 사람들과 다를 바 없다면 아무런 소용
이 없습니다. 기도의 본질은 하나님 앞에서 내가 변화되는 것

인데, 그 변화가 없으면 기도하지 않은 것만 못합니다. 가장 위험한 행동인 위선이기 때문입니다.

나부터 달라지지 않으면 나를 둘러싼 세상은 절대 달라지지 않습니다. 나를 둘러싼 문제를 해결할 열쇠는 항상 여러분의 호주머니 안에 있습니다. 꺼내서 닫힌 문의 자물쇠를 열어야 합니다.

나에게 고통을 주는 그 사람 역시 사랑의 대상이자 축복의 대상입니다. 인간은 너나없이 소중한 존재입니다. 오래 참고, 오히려 사랑하고, 현실에 감사하고, 인식을 바꾸면 너도나도 아프지 않게 됩니다. 가해자를 선감사로 축복할 수 있는 경지까지 도달해야 합니다. 이것이 대인관계에서 생기는 스트레스로부터 자유를 얻고, 그래서 암을 멀리하는 최선책입니다.

"자유로워지고 싶었기에
증오심을 내려놓았다."

이는 남아프리카공화국 최초의 흑인 대통령이자 흑인 인권 운동가 넬슨 만델라가 남긴 말입니다. 인종차별 정책인 아파르트헤이트(Apartheid)에 반대하며 종신형을 받고 27년을 복역하면서 세계 인권운동의 상징적인 존재가 된 인물이죠.

내 삶을 변화시키는
감사의 기적

27년간의 억울한 감옥생활은 복수의 칼을 갈기에 넉넉한 시간이었지만, 그는 '바라볼 수 있는 하늘에 감사, 딛고 설 수 있는 땅에 감사, 마실 수 있는 물 한 잔에 감사, 먹을 수 있는 음식 한 끼에 감사, 강제 노역 시간마다 일할 수 있는 기회에 감사, 모든 환경에 감사'를 하며 버텼습니다. 일상에서 누릴 수 있는 작은 감사를 통해 보복을 꿈꾸는 시간이 아닌, 용서하는 시간을 가졌던 것입니다. 그렇게 자신을 바꾸고 세상을 바꾼 리더는 훗날 노벨 평화상까지 받습니다.

감옥을 배경으로 한 영화 〈쇼생크 탈출〉처럼 감동적인 작품도 없습니다. 누명을 쓰고 그 절망의 공간에 감금된 주인공 앤디가 탈출하면서 감방 동료 레드에게 남긴 편지에는 이런 글귀가 있습니다.

'희망은 좋은 거예요. 가장 소중한 것이죠.
좋은 것은 절대 사라지지 않아요.'

이 영화의 한국판 포스터에는 이런 카피가 적혀 있습니다.

'두려움은 너를 죄수로 가두고,
희망은 너를 자유롭게 하리라.'

매일매일 오늘의 분노를 오늘 안에 해결하고, 증오심으로부터 자유로워진 상태에서 내일의 희망을 꿈꾸며 숙면하길 바랍니다. 나는 이렇게만 살면 병원에 올 일이 없다는 말을 자주 합니다. 세상에 이렇게 값싼 암보험은 또 없을 겁니다.

내 삶을 변화시키는
감사의 기적

03 감사의 놀라운
치유력

감사의 의학적 효능

"기적의 치료제가 있습니다. 심지어 무료입니다."

심리학자 로버트 에먼스와 마이클 맥컬로 박사는《감사 심
리학》이라는 책을 통해 감사의 삶이 심장 박동을 정상화시킨
다고 주장했습니다. 감사하는 마음을 가질 때 가장 이상적인
심장 박동을 유지하게 되고, 혈압과 호흡까지도 정상화된다
는 것입니다.

더 놀라운 사실은 분노하는 사람의 심장 박동이 가장 불안

정한 상태를 보이지만 휴식을 취하면 안정화되고, 감사하는 마음을 가지면 휴식할 때보다 훨씬 더 안정적인 형태가 된다는 것입니다. 감사가 우리 몸을 온전하게 회복시키는 최고의 명약이라는 뜻입니다.

또한 미시간대학교 심리학 교수 크리스 피터슨은 "인간의 진정한 행복은 희망과 사랑과 감사에서 찾을 수 있는데, 그중에서도 감사가 가장 중요하다"라고 강조했습니다. 감사야말로 기적의 치료제라면서 이렇게 말했습니다.

"감사하면 건강해집니다. 여러분의 몸과 마음이 아플 때 '땡큐 테라피(Thank-you Therapy)'를 적용해보십시오. 땡큐 테라피는 식전과 식후 아무 때나 복용할 수 있고 물과 함께 또는 물 없이도 복용할 수 있습니다. 호흡곤란이 올 때, 가슴 통증이 느껴질 때도 수시로 복용할 수 있습니다. 이 치료제는 특별한 처방전이 필요하지 않습니다. 부작용이 없고 더군다나 무료입니다."

돈 베이커 교수는 《감사요법》이라는 책에서 감사가 비록 조건이나 환경을 변화시키지는 못하지만, 감사에는 마음가짐과 태도를 변화시켜 결국 자기 자신까지 변화시키는 힘이 있다고 강조했습니다.

실제로 감사는 면역력 향상, 우울증 치료, 순환기 건강, 치

내 삶을 변화시키는
감사의 기적

유력 증대에 효과가 있습니다. 하루에 15분 동안 자신이 감사할 것이 무엇인가를 집중적으로 생각해도 면역력이 급격히 향상됩니다.

심지어 미국의 일부 병원에서는 우울증 치료에 약물요법보다는 감사요법을 더 많이 씁니다. 자연스럽게 감사를 표현하는 사람들은 맑은 정신을 유지하므로 우울증 예방과 치료에 큰 도움이 된다는 것이죠.

또한 감사하는 마음 상태를 유지하는 사람들은 '공명'이라고 불리는 육체적 안정 상태에 도달하게 되는데, 그것은 혈압과 심장 박동에 좋은 영향을 준다고 알려져 있습니다. 확실히 감사는 암 치료와 자가면역 질환 치료를 도와주는 효과가 있습니다.

나의 경험담입니다. 한번은 밤늦게까지 세미나를 하다가 무선 마이크 때문에 귀에 피가 난 적이 있었습니다. 핀 마이크 연결 과정에 문제가 있었는지 고막에 상처가 났고, 출혈이 심해 간단히 응급처치하고 다음 날 아침 병원에 갔는데 때마침 타고 있던 엘리베이터가 멈춰버렸습니다. 아무리 비상벨을 눌러도 응답이 없었고, 좁은 공간 안에 사람이 꽉 차서 숨이 막히는 상황이었습니다. 귀로 말미암은 어지럼증이 겹쳐 쓰러질 것만 같았죠. 순간적으로 두려움이 엄습했고 온갖 부정적인 감정이 몰려왔습니다. 그때 범사에 감사하라는 성경 말씀이 떠올랐습니다.

'그래, 이런 환경에 처해도 의연하게 대처하자. 시험에 들게 하신 데는 다 이유가 있을 것이다. 감사하자.'

그렇게 속으로 감사하다고 외쳤더니 순식간에 몸 상태가 회복되었습니다. 처음으로 감사의 의학적 효과를 직접 경험한 사례인데, 이는 부교감신경과 관련이 있습니다. 보통 위기 상황에서 전투적인 마음을 가지면 스트레스 레벨이 더 높아지고 교감신경이 활성화됩니다. 반면에 감사하는 마음, 사랑하는 마음, 겸손한 마음, 남을 귀히 여기는 마음을 가지면 부교감신경이 활성화되어 스트레스가 해소되고 면역력이 증진되고 육체가 건강해집니다.

이처럼 건강은 생각의 전환, 상황 재구성, 마음먹기에 달려 있습니다. 물과 햇빛이 나무를 키워준다면, 우리 내면에 뿌리 내리고 있는 감사의 나무를 키워주는 것은 생각의 전환과 상황 재구성입니다.

생각을 전환해주는 사람도 자기 자신이고, 상황을 재구성해서 긍정적으로 바라보는 것도 자기 자신입니다. 그 노력에 힘입어 감사의 나무가 성장하고 자연스럽게 몸이 건강해질 것입니다. 그렇게 건강은 스스로 지키는 것입니다.

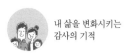

생각을 전환해주는 사람도
자기 자신이고,
상황을 재구성해서
긍정적으로 바라보는 것도
자기 자신입니다.

그저 감사기도만 드렸을 뿐인데

스탠리 탠이라는 미국인 사업가가 있었습니다. 척추암 3기였는데, 1976년 당시는 고치기 힘든 암이라서 모든 사람이 그가 곧 죽을 것이라고 여겼습니다. 그런데 몇 달 후 병상에서 툭툭 털고 일어나 다시 출근하는 기적 같은 일이 일어났습니다. 놀라서 묻는 지인들에게 그는 이렇게 답했습니다.

"계속해서 감사기도만 했는데 병이 다 나았습니다."

그가 했던 기도는 단순했습니다.

"병들게 된 것도 감사합니다. 병들어 죽게 된 것도 감사합니다. 저는 죽음 앞에서 주님께 감사할 것밖에 없습니다. 살려주시면 살고, 죽으라면 죽겠습니다. 주님, 무조건 감사합니다."

매 순간 감사하고 또 감사했더니 건강을 되찾게 되었다는 놀라운 고백이었습니다.

일본의 해군 장교 가와가미 기이치는 제2차 세계대전이 끝난 후 고향에 돌아왔는데, 사는 것이 짜증의 연속이라 불평불만이 쌓여갔습니다. 결국 전신이 굳어져서 움직일 수 없는 일종의 자가면역 질환인 난치병에 걸리고 말았습니다. 그런데 그가 만난 정신과 의사 후치다의 처방이 매우 특별했습니다.

"매일 밤 '감사합니다'라는 말을 1만 번씩 하세요."

내 삶을 변화시키는
감사의 기적

기이치는 의사의 처방대로 자리에 누운 채 매일 밤 '감사합니다'를 계속 반복했습니다. 이를 지속하다 보니 어느새 그의 삶은 감사에 젖어서 사는 삶, 겸손한 삶으로 전환되었습니다.

어느 날, 기이치의 아들이 과일을 사 와서 드시라고 내밀자 기이치는 자신도 모르게 "감사합니다" 하는 말과 함께 손을 내밀었습니다. 기적이 찾아온 것입니다. 그때부터 신기하게도 뻣뻣하게 굳은 손과 목을 조금씩 움직일 수 있게 되었고 결국 완치되었습니다. 말로만 하던 감사가 실제의 삶으로 전환되면서 난치병까지 고치게 된 것입니다.

나의 경험담도 있습니다. 의과대학교 학생 시절, 실습하던 서울대병원에 특이한 환우가 있었습니다. 유방암으로 특실에 입원해 있던 60대 여성이었는데, 그녀는 항상 찬송가를 틀어 놓고 있었습니다.

"왜 찬송가를 온종일 틀어놓고 계십니까?"

"유방암이 뼈에까지 전이가 되어 통증이 심한 상태인데 찬송가를 듣고 감사에 젖어 있으면 통증이 없어집니다."

이는 감사가 천연진통제의 역할을 하는 긍정적인 엔도르핀을 분비해 건강하게 해준다는 샤론 허프맨의 이론을 증명해 주는 일화입니다.

다음과 같은 일화 역시 긍정의 마인드가 삶을 어떻게 바꿔놓는지 잘 보여주는 사례입니다.

평생 사랑과 봉사의 인술을 베풀다 세상을 떠난 고(故) 장기려 박사는 한국의 슈바이처로 불리는 위인입니다. 나는 고인의 제자인 이건오 박사께 성경을 배웠고, 아들인 장가용 교수께 해부학을 배웠습니다.

장기려 박사는 이광수의 소설 《사랑》의 실제 인물인데, 가난하고 헐벗은 불쌍한 환자들의 의사를 자임하면서 그들을 위한 민간 의료보험을 최초로 도입했습니다. 평생 자기 집 한 채 갖지 않고 병원 옥상 사택에서 살다가 1995년 12월 추운 겨울날 새벽에 세상을 떠났죠.

고인이 아킬레스건이 끊어져 병원에 장기 입원했을 때의 일입니다. 병문안 왔던 많은 사람이 어떻게 그런 고통스러운 상황에서도 밝은 얼굴로 지내느냐고 의아해했습니다. 그는 세 가지 감사를 알게 되었다고 말했습니다.

"나의 힘으로 모든 것을 이룬 것처럼 생각했던 교만을 깨닫게 되어 감사, 그동안 만나보지 못했던 많은 친지와 제자를 만날 수 있게 됨을 감사, 그동안 바빠서 읽지 못했던 책들을 병상에서 조용히 읽을 수 있음에 감사했습니다."

언젠가 나는 일본 아사히카와에서 의료인들을 대상으로 전인치유 세미나를 한 적이 있었습니다. 주로 감사를 주제로

내 삶을 변화시키는
감사의 기적

강의했는데, 강의가 끝나자 한 사람이 나에게 다가와 말했습니다.

"아사히카와에 사는 한 할머니가 폐암 말기였는데, 3년간 감사를 실천하고 나서 MRI를 찍었더니 폐암이 사라졌습니다."

이는 그야말로 감사의 놀라운 치유력을 증언해주는 말입니다. 그는 나아가 이러한 비결도 들려주었습니다.

"매일매일 감사 제목을 적고 일평생 자신이 신세를 졌던 모든 사람에게 빠짐없이 감사의 편지를 썼습니다."

나는 수많은 환우가 감사를 통해 고통이 완화되고 치료가 가속화되는 것을 많이 경험했습니다. 외국의 사례도 많이 접했고 연구했습니다. 감사의 힘을 경험한 환우들이 새로운 신세계를 발견하고 암의 공포로부터 자유로워진 것에 대해서만큼은 자신 있게 증언할 수 있습니다.

범사에 감사하는 삶의 태도에는 암을 이겨낼 정도로 기적적인 힘이 숨어 있습니다. 정도의 차이는 있겠지만 그 효과에 대해서는 의심할 여지가 없습니다. 꼭 습관화하고 매일 강화해나가야 합니다. 이를 실천하는 사람과 그렇지 못한 사람의 차이는 실로 엄청나다고 할 수 있습니다. 환자가 되어 병원을 찾을 것인지, 건강하게 웃으면서 살 것인지의 차이니까요.

범사에 감사하는 삶의 태도에는
암을 이겨낼 정도로 기적적인 힘이 숨어 있습니다.
정도의 차이는 있겠지만
그 효과에 대해서는 의심할 여지가 없습니다.
꼭 습관화하고 매일 강화해나가야 합니다.

치료의 주도권은 환자 자신

"왜 나에게 이런 몹쓸 병이 생겼단 말인가?

아, 나는 곧 죽게 될 거야!"

"누구에게나 생길 수 있는 병이 내게도 생겼구나.

그래, 한번 이겨내보자!"

암 환우들을 만나보면 위의 예처럼 크게 두 유형으로 나뉩니다. 전자는 발병을 원망하는 쪽입니다. 이 유형은 끊임없이 암을 부정하다가 결국 자포자기의 길로 가는 경우가 많습니다.

"힘들어 죽겠습니다. 이제 그만 내려놓고 싶습니다. 이렇게 살아서 뭐 하나요?"

이런 말을 자주 하는 유형인데, 실제로도 치료가 힘든 편입니다. 이미 마음의 의지가 꺾였으니 몸이 도와줄 리 만무하기 때문이죠.

후자는 이겨낼 방법을 모색하는 유형입니다. 정면으로 맞서 싸우면서 스스로 병을 고치려고 하는 유형이죠. 따라서 상대적으로 결과도 좋습니다.

"어떻게 하면 완치될 수 있나요? 아직 포기할 단계는 아니죠? 저보다 더 상태가 나쁜 사람도 완치된 사례가 있죠? 누가

이기나 해보겠습니다. 치료 잘해주세요."

이처럼 의사에게 꼬치꼬치 따져 묻기도 합니다. 의술의 힘도 빌리지만 자기 자신의 치유력을 믿고 직접 암과 싸우는 스타일이기 때문입니다. 스스로 치료의 주도권을 가지고 싸워나가기 때문에 힘든 항암 과정을 이겨낼 확률도 높습니다.

"생존확률이 50퍼센트라잖아. 난 살기 어려울 거야."

"난 이겨낼 수 있어. 암에 걸렸다고 모든 사람이 다 죽는 것은 아니잖아."

이를 자아실현적 암시라고 하는데, '말이 씨가 된다'는 옛 속담과 같은 맥락입니다. 언어가 미래를 결정하니, 말 한마디라도 조심해야 합니다. 감사를 입에 달고 사는 사람에게는 정말로 감사한 일이 생길 것입니다. 하지만 불평만 늘어놓는 사람에게는 늘 나쁜 일만 생길 것입니다. 감사한 일이 생겼더라도 만족함이 없으니 왔다 가는 것도 모르는 사람이기 때문에 더욱 그렇습니다.

임종에 관한 연구에 일생을 바친 스위스 출신의 미국 정신과 의사 엘리자베스 퀴블러 로스는 '분노의 5단계(Five Stages of Grief)' 이론을 통해 중병에 걸린 환자의 감정을 이렇게 설명했습니다.

1. 부정

'믿을 수 없어. 그럴 리가 없어. 혹시 의사가 틀린 것 아닐까?'

의사의 충격적인 선고를 듣고 첫 번째로 보이는 반응은 대개가 부정입니다. 반면에 '난 죽지 않아. 나을 수 있을 거야' 하는 믿음도 있어서 치료를 거부하는 단계이기도 합니다.

2. 분노

'다른 사람들은 다 멀쩡한데 왜 나만 이렇지? 왜 나에게 이런 일이 생긴 거야? 신이 있기나 해?'

가족, 친구, 의사, 병원, 사회 등 세상 모든 것에 분노를 표출하면서 감정 기복이 가장 심한 단계입니다.

3. 협상

'이번 한 번만 살려주면 착하게 살게요!'

상황이 나아지지 않을 것이라는 사실을 깨닫고 타협을 시도하는 단계입니다. 가족, 의사, 종교 등 매달릴 수 있는 대상이 있으면 무조건 의지합니다. 종교가 없던 사람도 종교에 귀의하면서 신에게 의지하는 단계입니다.

4. 우울

'이제 정말 끝이구나. 더는 희망이 없어.'

협상이 어렵다는 것을 인정하고 극심한 우울증에 시달리는 단계입니다. 자살을 꿈꾸다가 정말 극단적 시도를 하기도 합니다.

5. 수용

'그래, 모든 생명은 죽게 마련이지.'

현실을 받아들이는 단계입니다. 분노도 우울도 없이 차분하게 감정을 정리하는 시간이죠. 용기 있게 죽음을 맞이하려고 마음을 고쳐먹으면서 사후에 관해 얘기할 수 있게 됩니다. 이때 믿는 종교가 있다면 큰 힘이 됩니다.

위 다섯 가지 감정들의 순서는 사람마다 조금씩 다를 수 있습니다. 일부 단계를 건너뛸 수도 있고 특정 구간만 반복할 수도 있지만, 다섯 가지 범위 안에서 크게 벗어나지 않습니다. 나는 여기에 한 가지 감정을 추가하고 싶습니다. 그것은 바로 '감사'입니다. 3기 암 환우가 이런 고백을 해준 적이 있습니다.

"오늘이라도 죽을 수 있다는 사실을 잊고 살았었는데, 하나

님이 내게 암이라는 질병을 주셔서 감사합니다. 암과 더불어 항상 죽음을 의식하고 살게 해주셨으니까요."

이런 말을 들려준 환우도 있었습니다.

"후배 암 환우들에게 이런 말을 해주고 싶어요. '너무 얽매이지 마라. 암은 정도가 있는 게 아니니까 자기에게 맞는 치료법을 찾아라. 막 열심히 운동할 필요도 없고, 막 몸에 좋다는 음식을 찾아서 먹을 필요도 없다. 환자마다 치료법이 다 다르다. 내가 공부하고 나한테 맞는 것을 찾아야 한다. 수술 외에도 자연 치료, 대체요법 등 여러 가지가 있는데 반드시 나쁜 것도, 꼭 좋은 것도 없으니 나에게 맞는 통합 치료법을 찾는 것이 맞다고 본다. 본인 체질에 맞는 것을 알아내야 한다. 그것을 찾기까지 시간이 걸리는데, 누구보다도 자기 자신이 그것을 제일 잘 안다. 자기 컨디션, 몸 상태 같은 것은 의사도 조언해주기 어렵고, 나아가 자신만 알 수 있는 것들이 있으니 병뿐만 아니라 모든 것을 결정할 때 자기 목소리에 귀를 기울이라'고 말해주고 싶어요. 결국 내 판단이 옳아야 하죠."

나는 환우들에게 "분노를 다스릴 수 있는 것이 나 자신이듯, 치료의 중심도 자신이다. 내가 주도권을 가져야만 완치할 수 있다"라는 말을 자주 해줍니다. 수술은 의사의 손에 달려 있지만, 나머지는 본인의 의지에 달려 있습니다. 의사의 손에

메스가 있다면 환우의 손에는 의지가 있습니다. 생활 습관과 주변의 환경을 스스로 바꾸지 않으면 암은 언제든지 재발할 수 있는 것이기 때문에 본인의 의지가 더더욱 중요합니다.

자포자기를 멈추고, 절망과 공포심을 내던지고, 감사와 용기로 무장해야 합니다. '치료의 절반은 믿음'이라는 말이 있습니다. 믿어야 합니다. 자신을 믿고, 의사를 믿고, 절대자의 의도 또한 믿어야 합니다.

"길어야 석 달입니다"라는 말을 듣고도 10년 넘게 사는 환우가 적지 않습니다. 그 비결은 하나입니다. 믿음을 가지고, 힘을 내서 치료의 주도권을 움켜쥐었다는 것입니다. 그 힘은 누가 대신 내주는 것이 아닙니다. 바로 나 자신입니다. 몸과 마음은 둘이 아니니, 마음이 약하면 몸도 약해집니다. 부디 힘을 내길 바랍니다.

전인치유, 몸과 마음은 둘이 아니다

"몸과 마음은 서로 다른 둘이 아닙니다."

인도에서 수십 년간 고통받고 굶주리는 사람들에게 사랑을

실천하던 마더 테레사 수녀가 서구 세계로 되돌아와서 한 말입니다. 육체적인 굶주림에서 오는 고통보다 사랑의 굶주림과 정신적 목마름에서 오는 고통이 더 크고 심각하다는 얘기였죠. 그래서 선진국일수록 자살률이 높은 것인지도 모르겠습니다. 내가 '감사 운동'을 펼치면서 치유공동체 조성을 꿈꾼 것도 이런 이유 때문입니다.

나는 2020년부터 암 환우들을 위한 치유공동체를 시작했습니다. 날마다 감사할 부분들을 찾고, 함께 나누는 시간을 통해 마음의 치유를 경험하고, 다양한 치료 시스템으로 건강을 되찾으며 환우들의 전인적 회복을 이루는 일들을 경험하고 있습니다.

나는 수많은 암 환우를 대하면서 몸의 치료와 마음의 치유 사이에 매우 밀접한 상관관계가 있음을 깨달았습니다. 흔히 '치료'라는 말을 들으면 먼저 신체부터 떠올리는데, 마음을 고치지 못하면 무용지물입니다. 마음이 병들었을 때 몸의 질병으로 나타나기도 합니다. 몸이 아프면 제대로 마음을 다스리지 못하기 때문에 심신이 동시에 허물어지기도 합니다. 그것은 바로 인간의 영(靈), 혼(魂), 육(肉)이라는 것이 따로 분리되어 있지 않고 하나로 이어져 있기 때문입니다. 인간이 영적으로 살아날 때 비로소 인격적 회복이 일어나고, 인격적 회복의 최종 결정체는 몸으로 나타나는 것입니다.

그래서 눈에 보이는 암을 치료하겠다는 생각으로 접근하기보다는 환우의 삶 전체를 바라보면서 눈에 보이지 않는 내면까지 들여다보는 총체적 접근이 더 중요하다는 사실을 깨닫게 되었습니다. 오랫동안 고착화된 전형적인 '질병 치료 모델'을 '전인치유(全人治癒) 모델'로 전환해야 복잡화된 현대인들의 삶에 적합한 치료법이 될 수 있었던 것입니다. 병의 원인 하나만 찾아서 치료하는 것이 아니라 환자의 영혼과 주변 환경까지 치유의 범주에 넣어야만 했습니다.

이 분야에서 가장 탁월했던 의사가 '20세기 기독교가 가장 사랑한 상담자'로 불리는 스위스의 폴 투르니에 박사입니다. 《치유》, 《강자와 약자》, 《서로를 이해하기 위하여》 등의 저자로도 유명한데, 특히 1965년에 낸 《모험으로 사는 인생》은 그가 80세 때 출판사의 의뢰를 받고 집필한 명저입니다. 그는 나의 정신적 스승으로, 의과대학 재학 당시 나에게 가장 많은 영향을 준 인물입니다.

폴 투르니에는 진정한 치료란 질병 치료 너머에 있는, 좀 더 본질적인 문제에 접근하여 인간의 인생을 치료하는 것이라고 주장했습니다. 몸과 마음이 긴밀하게 연결되어 있으니 '질병이 아닌 한 인간을 치료한다'라는 전인치유에 기초를 둔

'인격의학'을 주창한 것입니다.

폴 투르니에 이후 《상한 감정의 치유》를 쓴 데이비드 씨맨즈를 통해 '싸이코소매틱 테라피'가 암 환자 치료에 적극적으로 활용되기 시작했습니다. '싸이코소매틱(Psychosomatic)'은 헬라어로 정신 혹은 마음을 뜻하는 '싸이코(Psycho)'와 몸을 뜻하는 '소마(Soma)'의 합성어인데, '심인성 질환' 즉 심리적, 정서적 문제가 원인이 된 신체적 질병을 다루는 '정신신체의학'의 한 분야입니다. 이 분야에서는 외과적 질병의 80%가 심리적인 혹은 정서적인 원인으로 생긴다고 보고 있습니다. 사실 대부분 질병을 파헤쳐 들어가면 가려져 있었던 심리적, 정서적 원인이 드러나게 되어 있습니다.

나는 여기에 영적인 차원까지 포함해 '성서 건강학'이라 부르고 있습니다. 인간의 건강을 다룰 때 내적 치유와 관계 치유, 영성을 함께 다루고 먹거리 문제까지도 함께 고민해야 한다고 주장합니다. 모든 치료 방법을 결합하는 '통합의학'이 필요한 때라는 것이죠.

나는 21년 전부터 감사 운동을 기반으로 한 '전인치유학교'라는 것을 시작했습니다. 그때 어린 시절 부모로부터 겪은 고통이나 부부관계의 갈등 등 내 이야기를 최대한 솔직하게 공개했습니다. 이를 통해 똑같은 문제로 고민하는 사람들이 "저만 그런 것이 아니었군요” 하면서 공감대를 형성하기 시작했습니다. 그러면서 자연스럽게 몸과 마음의 병이 나았다고 감사의 말을 전해 왔습니다. 꼭꼭 숨겨두던 내면의 문제를 타인들과 공유하면서 아픈 몸이 치료되고, 상처 입은 마음이 위로받는 전인치유의 힐링 파워가 작동했던 것입니다.

흔히 '치료'라는 말을 들으면 먼저 신체부터 떠올리는데,
마음을 고치지 못하면 무용지물입니다.
마음이 병들었을 때 몸의 질병으로 나타나기도 합니다.
인간이 영적으로 살아날 때 비로소
인격적 회복이 일어나고 몸으로 나타나는 것입니다.

TIP

건강을 지키면서 감사한 삶을 사는 10가지 방법

감사에는 부정적 마인드를 밝게 변화시켜 신체적, 정신적, 사회적, 영적 건강함을 유지해주는 힘이 있습니다. 다음은 건강도 지키면서 감사한 삶까지 영위할 수 있는 열 가지 방법입니다. 특히 샐러리맨들을 위한 내용 위주로, 쉽게 실천할 수 있는 것들만 정리했으니 도전해보길 바랍니다.

1. 웃는 얼굴로 일어나기

건강을 지키는 제1순위는 일찍 자고 일찍 일어나는 규칙적인 삶을 유지하는 것입니다. 아침에 얼굴을 찌푸리면서 뭉그적거리다가 겨우 일어나는 사람은 감사한 삶과 거리가 멀 수

밖에 없습니다. 구체적으로 한번 설명해볼까요?

아침부터 얼굴을 찌푸리면 옆에서 함께 눈을 뜨는 배우자의 기분도 좋을 리 없습니다. 당연히 우중충한 기분으로 출근을 하게 되겠죠. 지하철에서 꾸벅꾸벅 졸다가 사무실에 도착할 테니 상쾌한 하루가 펼쳐질 리 없습니다. 졸리면 짜증부터 나고, 짜증이 나면 능률이 오르지 않습니다. 당연히 일과 시간 내내 일이 잘 안 풀리게 될 것이니, 감사할 하루는 점점 더 멀어질 것입니다.

게다가 잠꾸러기나 수면 부족에 시달리는 사람은 틀림없이 위장이나 피부가 좋지 않습니다. 몸이 건강하지 않으면 감사한 삶을 살 수 없습니다. 아주 간단한 이치입니다. 사람의 위장은 표정과 닮았습니다. 그리고 표정의 절반은 피부가 좌우합니다. 인지상정입니다. 까칠한 피부에 하품만 하고 불평불만만 늘어놓는 사람에게 누군가가 "감사합니다"라는 말을 건넬 가능성은 매우 작습니다. 피곤한 사람이라서 누군가에게 고마운 행동을 잘하지 않기 때문이죠.

하루의 시작을 어떤 얼굴로 하느냐가 이렇게 중요합니다. 어차피 일어나야 한다면 웃는 얼굴로 일어나보는 건 어떨까요? 나를 사랑한다면 웃는 얼굴로 자리를 박차고 일어나, 욕실로 들어가서 거울 속의 나와 아침 인사를 나누길 바랍니다.

양치질하면서 웃어주면 거울 속의 나도 웃는 얼굴로 화답할 것입니다.

참고로 "제가 아침잠이 많아서요"라고 말하는 사람들의 공통점은 늦게 잔다는 것입니다. 늦게 자는 사람이 아침에 눈을 뜨기 어려운 것은 당연합니다. 이런 악순환의 고리를 끊는 가장 좋은 방법은 당연히 일찍 잠자리에 드는 것입니다. 최소한 일주일에 한두 번은 일부러 일찍 잠자리에 들면 다음 날 아침 조금은 일찍 눈을 뜰 수 있습니다. 그것도 어렵다면 그냥 어느 날 하루 새벽같이 자리를 박차고 일어나는 것입니다. 일단 한번 일찍 일어나면 그날 밤은 일찍 잘 수밖에 없습니다. 우리의 생체리듬이 그러하니까요.

너무 당연한 말들이죠? 그런데 아이러니하게도 당연하기 때문에 지키기 어려운 것이 우리 인간이죠. 자, 아무튼 오늘 밤 취할 수면의 질이 내일 일의 능률과 직결된다는 점 하나만큼은 명심하길 바랍니다. 사실 침대에서 스스로 일어날 건강 정도만 있어도 감사할 일이긴 하지만요.

2. 자연을 느끼며 사소함의 소중함을 깨닫기

하루 업무를 시작하는 출근길, 하늘이나 나무를 일부러 한번이라도 더 바라보고 교감을 나눠보길 바랍니다. 당연히, 늘,

언제나, 자연스럽게 그 자리에 있어서 가치를 느끼지 못하는 것이 자연이지만 소홀히 대하면 안 되는 존재입니다. 우리는 자연의 일부이니, 자연이 없다면 우리도 없는 것입니다. 그래서 자연을 사랑하는 것이 곧 나 자신을 사랑하는 것입니다.

감사 마인드를 갖춘 사람들에게 가로수는 그냥 나무 한 그루가 아닙니다. 그들은 나무가 산소를 공급해주고, 그늘을 만들어주는 사소한 것에도 무한한 고마움을 느낍니다. 어찌 보면 유치원생도 아는 상식적인 진리지만, 그 소중함을 인식하는 사람과 무시하는 사람의 차이는 큽니다.

사실 농사를 짓는 등의 특별한 업종이 아니라면 현대인들이 일상과 자연이 하나 되는 삶을 살기란 말처럼 쉽지 않습니다. 그래서 출근길에 가로수라도 한 번 더 보자는 것입니다. 자연과 교감하는 맑은 정신으로 오늘 하루를 구상하면 하루가 달라질 것입니다. 게다가 오늘 아침 웃으며 일어났으니, 발걸음도 가볍지 않겠습니까?

3. 건강하게, 즐겁게 먹기

샐러리맨들은 먹는 게 늘 고민입니다. "오늘은 또 뭐로 점심을 때우나?" 하는 푸념이 반복되는 일상이니, 감사한 마음으로 밥상 앞에 앉기란 쉬운 일이 아닙니다. 의무적으로 먹자니 귀찮고, 그래서 자극적인 음식을 먹게 되는 경우가 많습니다.

건강을 유지하는 가장 기본적인 식습관은 아침은 거르지 말고 죽이나 생식 등으로 가볍게 속을 달래고, 저녁은 과식하지 않는 것입니다. 그 대신 점심은 최고의 영양식으로 충분하게 먹어야 합니다. 인스턴트 음식보다는 생채식을, 청량음료보다는 생수를 택하고 과자 같은 간식은 멀리하면서 삼시세끼를 잘 챙겨 먹는 것이 좋습니다.

먹을 때는 골고루 천천히 맛있게 먹어야 합니다. 끼니를 때운다는 생각으로 빨리 먹으면 비만의 원인이 됩니다. 앞서 1번에서 이왕이면 웃는 얼굴로 일찍 일어나라고 했는데, 같은 맥락으로 어차피 먹는 밥이라면 맛있게 먹는 것이 좋습니다. 물에 말은 밥에 김치라도 감사한 마음으로 맛있게 먹으면 피가되고 살이 됩니다.

쉽진 않겠지만 자연 미각으로 입맛을 길들이는 버릇을 들여야 노인이 되었을 때도 건강을 유지할 수 있습니다. 젊을 때 라면에 입맛을 들이면 노인이 되어서도 라면으로 끼니를 때우기 십상입니다. 이 책을 읽고 지금부터 습관을 바꾸기 시작하면 먼 훗날 오늘에 감사하게 될 것입니다.

밖에서 음식을 사 먹는 샐러리맨들은 자극적인 조미료와 육류 섭취가 과한 편입니다. 따라서 가끔 생식해보는 것도 권

내 삶을 변화시키는
감사의 기적

합니다. 생식하면 몸과 마음이 가벼워지면서 기분 좋은 건강 생활을 영위할 수 있을 것입니다.

4. 부지런히 몸을 움직이기

잘 먹었으면 소화를 잘 시켜야 합니다. 아무리 바쁘더라도 점심을 먹고 업무를 시작하기 전까지 적어도 10분 정도의 시간을 낼 수 있을 것입니다. 간단한 운동으로 오전 업무의 스트레스를 날려버리고, 오후 업무의 스트레스에 대비하길 바랍니다. 사무실 주변을 걷거나, 엘리베이터 대신 계단을 이용하거나, 옥상에서 기지개를 켜는 것도 좋습니다. 10분이라도 제대로만 하면 매우 효과적입니다.

부지런히 몸을 움직이는 사람은 그렇지 않은 사람보다 건강하게 살 확률이 높습니다. 유치원생도 아는 상식이라고요? 물론이지요. 또 강조하지만 실천하는 사람과 알지만 실천하지 않는 사람의 차이는 큽니다. 운동은 나 자신에게 할 수 있는 가장 확실한 사랑 표현법입니다.

참고로 요즘 많은 사람이 일상에서 실천하는 일 중 하나가 '하루 1만 보 걷기'입니다. 걸을 때마다 돈이 쌓이는 애플리케이션도 많이 사용하죠. 이렇게 목표를 정하고 실천하는 것은 아주 좋습니다. 그런데 이왕이면 힘차게 손을 흔들고 죽죽 발을 뻗으면서 경쾌하게 걷는 것이 좋습니다. 터벅터벅 걷다 보면 우울한 리듬감에 젖어 안 하는 것만 못한 운동이 될 수도 있습니다. 가끔은 그냥 넋을 놓고 터벅터벅 걷는 것이 정신 건강에 도움이 되는 측면도 있지만, 효과적인 근력운동이 되지는 않습니다.

5. 쉴 때는 확실하게 쉬기

퇴근 후 쉴 때는 확실하게 쉬는 것이 좋습니다. TV나 인터넷에 몰두하는 것은 휴식이 아닙니다. 반드시 뇌를 쉬게 해줘야 합니다. 정보의 유입을 통제해야 확실한 휴식을 취할 수 있다는 뜻입니다. 업무 스케줄 잡는 것처럼 꼼꼼히 휴식 스케

줄을 잡아보길 바랍니다. 휴식의 질이 일의 능률과 생산성을 좌우합니다.

또한 평소에 일과 휴식의 균형을 잘 유지하는 습관을 들여놔야 갑자기 중요한 일이 생겼을 때 효과적으로 대처할 수 있습니다.

휴식은 조금씩 자주 하는 것이 한꺼번에 많이 쉬는 것보다 효과적입니다. 너무 많이 쉬면 오히려 몸이 가라앉기도 하지만 조금씩 자주 쉬면 이완 작용에 도움 됩니다. 참고로, 감사 또한 한꺼번에 하는 것보다 자주 하는 것이 좋지요.

6. 건전한 스트레스 해소책 개발하기

음주, 흡연, 도박, 게임으로 스트레스를 풀면서 휴식을 취한다는 현대인이 많습니다. 그런데 해봤다면 잘 알겠지만, 스트레스만 더 쌓입니다. 이길 수가 없는 종목들이기 때문입니다. 운동보다 더 좋은 스트레스 해소책은 없습니다. 지금 당장 10분이라도 게임처럼 집중해서 해보길 권합니다.

의기소침할 때면 따뜻한 물로 목욕을 하는 것이 좋습니다. 반신욕도 좋지만 10분이라도 샤워를 하고 몸을 닦으면서 스트레칭을 하면 몸이 유연해집니다.

아침은 상쾌한 음악으로 시작하는 것이 좋습니다. 아침마다 이어폰이나 자동차 오디오로 나만의 플레이리스트를 즐긴다면 출근길이 가벼워질 것입니다. 전업주부라면 내용이 자극적인 아침 드라마보다 클래식을 들으면서 일과를 시작해보길 바랍니다.

간밤에 잠을 설쳤다면 업무 시작 전 10분이라도 낮잠으로 보충하길 바랍니다. 낮잠은 장수의 비결 중 하나입니다. 심장질환과 고혈압 예방에 특히 좋습니다.

오늘 밤 단잠을 청하고 싶다면 무리한 운동보다는 하루를 돌아보는 10분 묵상을 권합니다. 미워한 사람이 있었다면 용서하고, 화나는 일이 있었다면 다스리고, 좋은 일이 많았다면 당연히 감사하고, 없었다면 더 나쁜 일이 없었음에 감사하면서 포근한 이불 안으로 들어가길 바랍니다. 내일은 틀림없이 더 좋은 날이 될 것입니다. 이것이 누구나 손쉽게 할 수 있는 '틈새 시간 10분 스트레스 해소법'입니다.

7. 탐구하는 자세와 꿈꾸기를 잃지 말기

두뇌는 쓸수록 젊어지는데, 지적 활동을 멈추면 빨리 늙습니다. 호기심이 생긴다면서 스마트폰을 배우는 노인이 있고, 살면 얼마나 더 산다고 그걸 배우냐는 노인이 있습니다. 전자는 더 건강하게 살고, 후자는 더 병약하게 사는 것입니다.

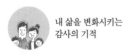

젊으나 늙으나 꿈이 있어야 합니다. 꿈은 책을 읽고, 머리를 써서 생각을 통해 구상하는 것입니다. 따라서 뇌가 건강해질 수밖에 없습니다.

"청년 시절에 책을 읽는 것은 지하실의 창문을 통해 달을 보는 것과 같고, 중년기에 책을 읽는 것은 자기 집 뜰에서 달을 보는 것과 같으며, 노년에 이르러 책을 읽는 것은 창공 아래 노대에서 달을 보는 것과 같다. 이는 독서의 깊이가 체험의 깊이에 따라서 다르기 때문이다."

이는 중국의 문인 임어당의 말입니다. 젊을 때 독서를 많이 하는 것도 중요하지만 나이가 들어 행하는 지적 탐구도 매우 중요합니다. 연륜에 따라 맛이 깊어지니 그렇고, 뇌가 건강해지니 그렇습니다. 뇌가 건강해야 감사한 생각도 더 많이 자주 할 수 있습니다.

8. 건강한 네트워크 만들기

건강, 감사, 성공은 전염성이 있습니다. 혼자서 유지하거나 이룰 수는 없으니 네트워크가 중요하다는 뜻입니다. 건강하게 살고자 한다면 나보다 훌륭한 사람을 많이 만나야 합니다. 불타는 꿈과 확고부동한 목표를 가진 사람, 몸과 마음이 건강한 사람을 만나라는 것입니다. 일도, 운동도, 공부도 같이하면서 자극을 받으라는 뜻입니다. 그것이 바로 건강한 전염입니다.

열심히 사는 사람을 만나 섬김의 자세로 대하면 자연스럽게 서로 마음이 열리면서 사랑이라고 하는 정서적 교감을 하게 됩니다. 상대방을 돕겠다고 작정하면 관계가 오래 지속되는 선순환 윈윈의 구조가 만들어지는 것이고, 나에게 유리한 쪽으로 이용하려고만 들면 하수라는 것이 들통나면서 관계망 속 외톨이가 됩니다. 사랑하면서 감사하고, 감사한 행동을 하면서 건강해져야 합니다.

9. 효도하기

'효로써 효를 심는다'고 했습니다. 효자 집안에서 효자가 난다는 뜻이지요. 안부 전화만 자주 드려도 큰 효도입니다. 그렇게 부모님의 건강을 걱정하다 보면 내 건강도, 내 자식의 건강도 자연스럽게 살필 것입니다. 3대가 건강하고 화목한 것처럼 감사할 일이 또 어디에 있겠습니까. 그래서 효자는 장수합니다. 또 그래서 효자는 성공할 수밖에 없습니다. 부모보다 먼저 아프거나 세상을 떠나는 것만큼 큰 불효가 없습니다. 불효자가 될 수 없으니, 건강하게 사랑하면서 살 수밖에 없는 것입니다.

내 삶을 변화시키는
감사의 기적

10. 범사에 감사하기

1번부터 9번까지 모든 행동의 목표는 건강한 삶을 살기 위함입니다. 거꾸로 범사에 감사하는 마음으로 살아야 1번부터 9번까지가 완성됩니다. 그래야 건강해집니다. 이렇듯 영적, 육체적, 정신적 건강함을 추구하는 전인치유는 어려운 듯 보이지만 사실 의외로 쉬운 것입니다.

PART
2

감사력은
생각의 전환과
상황 재구성으로부터

범사에
감사한 삶

누구나 알지만 제대로 알지 못하는 '감사'

> "세상에 감사를 모르는 사람이 어디 있나요?"

감사의 중요성을 강조할 때마다 자주 듣는 질문입니다. 과연 그럴까요? 사실 너무나 일상적이고 익숙한 단어라서 우리는 '감사'의 진정한 의미를 놓치고 살 때가 많습니다. 마치 숨 쉬면서 공기의 소중함을 깨닫지 못하는 것처럼 말입니다.

길을 아는 것과 길을 걷는 것은 엄연히 다른 문제입니다. 머리로 이해하는 것과 아는 대로 사는 것은 다른 것처럼 말입니다.

　일반적으로 감사는 사람 사이에 좋은 일이 생겼을 때 사용하는 기쁨, 편안함을 나누는 단어입니다. 감사(感謝)의 '감'은 '고맙게 느낌'과 '마음이 움직인다'라는 뜻입니다. 그리고 '느낄 감(感)'은 '다 함(咸)'과 '마음 심(心)'으로 이루어진 문자로, 결국 '남이 베풀어준 은덕이나 도움이 고마워 마음이 움직였다'라는 뜻입니다. 그 감동(感動)이 동인(動因)이 되어 마음에서 우러난 감사 인사를 말로써 전하는 것이니, 얼마나 아름다운 행동입니까? 그래서 나는 '미감사(美感謝)'라고 부를 때도 있습니다. 또한 흔히 "덕분에 감사합니다" 하는 표현도 많이 하는데, '덕분(德分)'에는 덕을 나눈다는 뜻이 있습니다.

　한편 '감사합니다'를 순우리말로 바꾸면 '고맙습니다'인데, 일부 학자는 '고맙다'가 절대자에 대한 감사를 내포하고 있다고 해석하기도 합니다. 15세기에 사용하던 명사 '고마'가 '고맙다'의 어원인데, 그 안에 공경(恭敬)과 존귀(尊貴)의 뜻이 담겨 있다는 것이죠. 당시 고대인들에게는 공경, 존귀의 대상이 '절대자'였기 때문에 '고맙다'가 신에 대한 감사를 뜻한다는 주장입니다.

　잘 살펴보면 진심 어린 감사에는 이해, 공감, 용서, 사랑까지 포함하고 있습니다. 감사를 표현했다면 이미 상대를 용서

한 것이고, 나아가 사랑을 고백한 것과 진배없기 때문입니다. 이해나 공감을 통한 포용 없이 용서할 수 없고, 진정한 용서 없이 사랑과 감사를 할 수 없는 것이 인지상정입니다. 이 감정의 연결고리야말로 사회를 건강하게 만들어주는 결정적이고 필수적인 요소입니다. 감사는 혼자서 하는 일이 아니라 대상을, 상대를 필요로 하는 일이기 때문에 특히 그렇습니다.

세상 사람들과 관계를 맺으면서 상대를 공경하고, 감사를 표현하고, 다시 감사 인사를 되받는 것이 일상화되면 인간관계가 부드러워지면서 사소한 분쟁이 사라집니다. 전쟁을 포함한 모든 크고 작은 분쟁은 서로를 이해하고 용서하지 않으면서 생기는 사소한 다툼에서 시작합니다. 내가 너를, 네가 나를 감사하게 생각하지 않으니 싸움이 날 수밖에요.

거대한 단위처럼 보이는 사회도 결국은 1:1의 사소한 인간관계에서부터 시작됩니다. 그 관계 안에 감사라는 윤활유가 더해지면 결국 사회 전체의 분위기가 변합니다. 선한 영향력이나 해피 바이러스처럼 강력한 확장성이 있기 때문입니다.

이것이 바로 내가 8년째 '감사 운동'을 펼치는 이유입니다. 개개인이 '감사하기'를 일상화하면 '나'와 '너'는 물론이고, '우리(가족, 회사, 사회)'가 틀림없이 긍정적으로 변합니다. 나는 이 힘을 '감사력(感謝力)'이라고 부릅니다. 마음에 생기는 일종의 근력 같은 것인데, 어떻게 이 근육을 단련할 수 있는지 천천히 설명하겠습니다.

신앙과 연관이 깊은 세계 각국의 감사

'감사'를 뜻하는 외국어들도 한번 살펴볼까요? 나는 세미나 및 선교 활동을 위해 1년 중 수개월을 외국에서 보냅니다. 최근에는 코로나19 때문에 많이 줄었지만, 그전에는 번번히 대륙들을 오갔습니다. 미주, 유럽, 중남미, 아프리카 대륙 등 나를 필요로 하는 곳이라면 어디든 가는데, 현지에 도착해서 가장 많이 듣고 쓰는 표현이 바로 '감사합니다'입니다.

프랑스어 '메르시(Merci)'는 자비 혹은 관용이라는 뜻으로 '입금(Wage)', '지급(Payment)', '보상(Reward)' 등을 의미하는 라틴어 '메르케스(Merces)'에서 유래했습니다. '상품(Merx)'을 구매할 때 지불할 비용에서 유래한 것이죠. 결국 '당신의 은혜에 내가 어떻게 보상해야 할까요?'의 의미가 담겨 있습니다. 메르케스를 어원으로 하여 영어권에서는 '자비(Mercy)', '상품(Merchanside)', '상인(Merchant)' 등의 말로 파생되었습니다. 독일의 세계적 명차 메르세데스 벤츠(Mercedes Benz)

역시 같은 어원을 갖습니다.

과거에는 '메르시'가 '자비를 베풀다'라는 뜻으로 사용되었습니다. 당시에 자비란 권력을 가진 자가 없는 자에게, 귀족이 농노에게, 나아가 절대자가 인간에게 베푸는 것이었습니다. 그랬던 것이 지금은 '감사합니다'가 되었습니다.

중남미 대부분 국가가 오랜 식민통치와 내전에 시달렸고, 지금도 정국이 불안해서 감사할 거리가 많지 않을 텐데도 사람들은 쉼 없이 '그라시아스(Gracias)'를 외칩니다. 라틴어로 감사를 뜻하는 '그라시아스(Gratias)'가 스페인어의 어원인데, '은혜', '은총' 등의 의미를 담고 있습니다.

예로부터 천주교에서는 미사 끝에 신자들이 "데오 그라시아스(Deo gratias)"라고 하는데, 이는 '하느님 감사합니다'라는 뜻입니다. 베네딕도 회칙에는 문지기 수사가 손님이나 거지가 왔을 때 이렇게 인사하도록 정해놓았다고 합니다. 손님은 모두 귀하니 문전 박대하지 말라는 뜻이었겠죠. 이를 지금의 스페인과 이탈리아에서 '그라시아스(Gracias)'와 '그라찌에(Grazie)'로 사용하고 있는 것이고, 영어권으로 가서 우아함이나 품위를 뜻하는 '그레이스(Grace)'가 되었습니다. 보은(報恩)의 뜻을 가진 '그래티튜드(Gratitude)' 역시 같은 어원입니다.

거대한 단위처럼 보이는 사회도
결국은 사소한 인간관계에서부터 시작됩니다.
그 관계 안에 감사라는 윤활유가 더해지면
결국 사회 전체의 분위기가 변합니다.

포르투갈어를 쓰는 브라질 사람들도 '감사합니다'를 입버릇처럼 달고 삽니다. 브라질은 인종차별이 없는 다민족 국가이고 삼바 춤을 추면서 모두가 한 가족처럼 친하게 사는 나라인데, 틈만 나면 '감사합니다'를 외칩니다. 아무리 말수가 적은 사람이라 해도 하루 평균 열 번 이상은 표현한다고 합니다.

브라질에서 감사 표현을 할 때 남자일 경우 '오브리가도(Obrigado)', 여자일 경우 '오브리가다(Obrigada)'라고 하는데, 이는 '~할 의무', '~할 책임' 등을 뜻하는 라틴어 '오브리가레(Obligare)'에서 유래했습니다. 과거에는 남에게 호의를 베푸는 일이 드물었을 텐데, 그런 경험을 겪었다면 반드시 그 호의에 보답할 의무가 있다는 뜻에서 유래한 게 아닌가 싶습니다.

신분이 높거나 재산이 많은 사람은 그렇지 않은 사람들을 도와야 한다는 '노블레스 오블리주(Noblesse Oblige)'로 익숙한 단어 '오블리주' 역시 같은 어원입니다. 갚아야 할 빚을 지고 있으니 미안한 것이고, 그래서 또 동시에 감사하다는 말이겠지요.

감사 인사를 많이 하는 민족 중 일본을 빼놓을 수가 없습니다. 일본을 선진국 반열에 올린 것은 경제대국 때문이기도 하지만, 일상생활에서 양보와 배려 그리고 감사와 미안함을 수시로 표현하는 입버릇 때문이 아닌가 싶기도 합니다.

이제 일본어 '아리가토(有り難う) 고자이마스(御座います)'를

살펴보죠. '아리가토'는 '그런 일이 있기 힘들다. 일어나기 희박하다'라는 뜻입니다. '고자이마스'는 '있다'의 높임말입니다. 결국 우리말로 풀어보면 '당신이 베풀어준 은혜로 말미암아 제가 가만히 있자니 난처하게 되었습니다'라는 뜻이죠.

이렇듯 '감사합니다'는 동서양을 막론하고 대체로 신앙과 깊은 연관이 있습니다. 대대로 나약한 존재인 인간들이 절대자가 베풀어준 은혜에 감사하고, 그것을 잃지 않기 위해 감사한 마음으로 행동하고, 혹여 은혜를 거둬 가더라도 그 안에 깊은 뜻이 있음을 깨닫게 되었으니 감사하다고 신에게 고백해왔던 것입니다.

이처럼 장황하게 나라별 감사 표현법을 알아본 이유는 대중이 자주 사용하는 말 안에 그 시대를 살아가는 대중의 생각이 녹아 있고, 그 생각은 집단행동으로 이어지기 때문입니다. 다시 말해 감사한 마음을 품고 사는 사람이 많은 사회는 그렇지 않은 사회보다 더 건강하다는 것이 나의 생각입니다.

'Thank you'는 'Think you'로부터

영어의 '땡큐(Thank you)'는 고대 영어 '씽크(Think)'를 그

어원으로 하고 있습니다. 독일어로 '감사합니다'를 뜻하는 '당케(Danke)' 역시 '생각한다'는 뜻의 '댕켄(Denken)'에서 파생했습니다. 당신의 호의와 은혜를 생각하고 기억하겠다는 뜻이겠지요.

실제로 감사는 상대를 생각하는 것에서부터 시작합니다. 아무 생각 없이, 진심도 없이 "감사하다"라고 말할 수는 없죠. 상대의 행동에 관한 생각부터 정리해야 비로소 진심으로 감사를 표할 수 있습니다. 상대에 대한 선한 생각이 없다면 감사한 마음은 절대 들지 않습니다.

반대로 감사하다는 말을 듣게 되었을 때도 그렇게 말해준 상대의 마음을 헤아리게 되는 것이 인지상정입니다. 흔히 누군가가 감사하다고 인사를 해 오면 "아닙니다. 별말씀을요"라고 하면서 손사래를 칩니다. 그러고는 속으로 '내가 특별히 잘해준 것도 없는데 뭘 감사씩이나? 그게 그렇게 좋았나?' 하고 생각합니다. 감사 인사 하나로 말미암아 상대의 마음을 헤아리는 생각까지 하게 된 것입니다. 이는 역지사지, 즉 감정의 공감대라고 할 수 있습니다.

나아가 '감사하다는 말을 들으니 기분이 좋군. 앞으로 더 잘해줘야겠다' 하는 발전적 다짐으로 이어지기도 합니다. 마음이 움직여 상대에게 부족한 것이 없는지 더 살피고, 생각하고, 또 다른 도움을 베풀게 되는 것. 이것이 바로 'Thank'와 'Think'가 같은 뿌리라고 볼 수 있는 이유입니다.

또한 '미안합니다' 역시 사람 사이의 공감대를 바탕으로 한 단어입니다. 보통 'I'm sorry'는 내가 실수했을 때 사과의 뜻으로 사용하지만, 상대방에게 좋지 않은 일이 생겼을 때 공감의 의미로도 사용합니다. 고통받는 상대의 마음을 헤아리면서 '유감입니다'라는 뜻으로도 사용하는 것이죠. 이는 'Sorry'의 어원이 'Sor(고통)'에 있기 때문입니다.

상대의 처지를 생각하면서 공감하고, 서로 돕고 감사 인사를 건네며 다시 보답하는 사회는 다툼보다 사랑이 더 많은 건강한 사회일 것입니다. 거창하게 멀리 갈 것도 없습니다. 감사를 자주 표현하는 사장의 회사와 불평불만을 입에 달고 사는 사장의 회사 중에서 어느 회사의 직원이 더 행복할까요?

직원의 업무를 평가하면서 "수고했어요. 고마워요. 그런데 미안하지만, 이 부분을 고치면~" 하는 사장과 "당신, 수준이 이 정도밖에 안 됩니까? 당신의 문제는 말이야~" 하는 사장이 있다면 어느 쪽을 따르고 싶은가요?

전자는 10초라도 상대방을 생각한 다음에 하는 말이고, 후자는 생각이 정제되지 않은 채 바로 입 밖으로 내뱉은 말입니다. 똑같이 일을 못했어도 전자의 평가를 들었던 직원의 성과

내 삶을 변화시키는
감사의 기적

생각을 바꾸면 나를 보는
눈, 인생을 보는 눈, 이웃을 보는
눈이 달라지기 때문에
우리의 내일이 달라지는 것입니다.

는 앞으로 점점 더 좋아지지 않을까요?

이처럼 생각의 차이가 우리의 내일을 다르게 만들어줍니다. 생각을 바꾸면 나를 보는 눈, 인생을 보는 눈, 이웃을 보는 눈이 달라지기 때문에 자연스럽게 우리의 내일이 달라지는 것입니다.

사실 고개를 삐딱하게 기울여서 세상을 보면 멀쩡한 세상도 기울어진 운동장이 됩니다. 반대로 기울어진 운동장을 바라볼 때 살짝 고개를 틀면 수평이 맞춰지면서 예전에는 보이지 않던 해결책이 보이기도 합니다. 생각과 관점의 작은 변화가 혜안을 개안하는 열쇠가 될 수 있는 것입니다. 그래서 결국엔 평소 마음에 들지 않던 사람에게도 이렇게 말할 수 있습니다.

"감사합니다. 수고 많으셨습니다."

범사에 감사한 삶이란

"감사의 뜻을 알기는 합니다.
그런데 좀처럼 감사할 일이 없네요."

사람들에게 감사의 힘이 얼마나 세고 놀라운지 설명해주면 보통 이렇게 반응합니다. 아무리 봐도 감사할 일을 찾지 못하겠다는 것이죠. 그러면 나는 이렇게 답해줍니다.

"범사에 감사하세요. 생각과 관점만 바꾸면 감사할 일이 너무나 많습니다."

'범사에 감사하라'는 말은 꼭 교인이 아니더라도 식당 등에서 액자로 많이 보았을 겁니다. '범사(凡事)'는 모든 일, 평범한 일이라는 뜻입니다. 따라서 '범사에 감사하라'를 영어로 번역하면 'Give thanks for all circumstance'일 것 같지만 사실

내 삶을 변화시키는
감사의 기적

은 'Give thanks in all circumstance'입니다. 해석하면 '내게 주어진 모든 일에 감사하라. 내게 주어진 모든 만남에 감사하라. 내게 주어진 모든 환경에 감사하라'라는 것입니다.

이는 좋은 일이 있다면 그 상황에 감사하라는 '조건부'가 아니라 모든 상황에서, 그러니까 좋지 않은 상황까지 끌어안고 감사하며 살아가라는 뜻입니다. 내가 처해 있는 이 상황 자체가 모두 감사할 일이니, 열린 자세로 받아들이고 감사하면서 살아야 한다는 것이죠.

"나는 나의 역경에 대해서 하나님께 감사합니다. 역경 때문에 나 자신, 나의 일, 나의 하나님을 발견했기 때문입니다. 나는 눈과 귀와 혀를 빼앗겼지만, 영혼을 잃지 않았기 때문에 그 모든 걸 가진 것이나 마찬가지입니다."

생후 19개월이 되었을 때 뇌척수막염에 걸려 목숨을 잃을 뻔했고, 그 후유증으로 들을 수도, 말할 수도, 볼 수도 없는 삼중고의 장애를 갖게 된 헬렌 켈러가 남긴 말입니다. 이것이 바로 범사에 감사하는 사람의 자세입니다. 조건부 감사가 아니라 처한 상황을 긍정적으로 보듬어 안으면서 진심으로 했던 감사인 것입니다. 그녀는 또한 책《사흘만 볼 수 있다면》을 통해 장애가 없다면 하고 싶은 일을 다음과 같이 밝혔습니다.

'첫째 날에는 나를 가르쳐준 선생님을 찾아가 그분의 얼굴을 보겠습니다. 그리고 산으로 가서 아름다운 꽃과 풀과 빛나는 노을을 보고 싶습니다. 둘째 날에는 새벽에 일찍 일어나 먼동이 트는 모습을 보고 싶습니다. 저녁에는 영롱하게 빛나는 하늘의 별을 보겠습니다. 셋째 날에는 아침 일찍 큰길로 나아가 부지런히 출근하는 사람들의 활기찬 모습을 보고 싶습니다. 점심때는 아름다운 영화를 보고 저녁에는 화려한 네온사인과 쇼윈도의 상품을 구경하고, 집에 돌아와 사흘간 눈을 뜨게 해주신 하나님께 감사의 기도를 드리고 싶습니다.'

헬렌 켈러에게는 애절한 소원이지만 우리가 그것을 일상적으로 누리고 있다면 그것만으로도 충분히 감사한 인생이 아니겠습니까?

아침이 되어 눈을 뜨면 자연스럽게 '오늘 하루'가 시작됩니다. 우리가 아무런 노력을 기울이지 않았음에도 신이 주신 귀한 선물입니다. 오늘 하루가 있기에 눈을 뜨고 밥을 먹을 수 있으니 그것만으로도 충분히 감사할 일인데, 호의호식하지 못한다고 불평불만을 갖는다면 그것은 과욕입니다. 과욕의 내비게이션은 언제나 상처라는 종착점을 향하고 있습니다. 지름길로 가든 돌아서 가든 최종 도착지는 언제나 같습니다. 상처입니다.

우리는 이미 많은 축복을 누리면서 살아가고 있습니다. 하

내 삶을 변화시키는
감사의 기적

지만 이를 당연하다고 여기면서 감사는커녕 서너 가지 지엽적인 문제에만 매달려 원망하는 마음으로 살고 있습니다. 이미 가지고 있는 축복을 제대로 누리지도 않으면서 더 큰 게 없다고 불평만 늘어놓는 것이죠. 불평의 내비게이션은 언제나 고통의 늪을 지나가게 마련입니다. 상습정체구간을 지나 결국 상처라는 종착점에 다다릅니다.

흔히 하는 말이지만 아무리 큰 집에 살아도 잠자리는 내 몸 하나 크기면 충분합니다. 비 맞지 않고 잠을 청할 수 있고, 굶지 않을 정도면 충분히 감사한 마음으로 살 수 있습니다. 산해진미를 매일 먹어도 될 만큼 돈이 많더라도 하루 식사는 세 끼면 끝입니다. 제아무리 좋은 음식일지라도 1주일 내내 먹으면 질려서 못 먹습니다.

욕심을 내려놓아야 합니다. 욕심을 채우지 못했다고 불평불만의 쳇바퀴 속에서 뛰다 보면 마음의 병은 물론이고 몸에도 병이 생깁니다. 불평불만을 반복하다 보면 당연히 불평불만이 많은 사람이 됩니다. 문제에 집중하면 없는 문제까지 만들어서 문제로 삼는 문제아가 됩니다. 반면 축복에 집중하면 축복의 가치를 아는 축복의 사람이 되고, 은혜에 집중하면 은혜의 소중함을 알고 주변에 베풀며 사는 은혜로운 사람이 됩니다. 건강한 삶을 살고자 한다면 하루빨리 억눌림의 늪에서 빠져나와 막힌 귀와 입을 열고 주변과 소통해야 합니다. 긍정적 사고방식과 더불어 사소한 것에도 만족하는 안분지족(安分知足)의 자세로 체질을 바꿔야 합니다.

재미가 있든 없든, 원하든 원하지 않든 오늘과 내일과 모레는 매일 아침 새로운 24시간으로 여러분에게 찾아올 것입니다. 피할 수 있을까요? 당연히 없습니다. 그러니 이왕 마주할 삶이라면 마음을 고쳐먹고 정면에서 가슴으로 받아들여야 합니다. 마주하기 싫어서 도망치다가 뒷덜미를 잡혀 억지로 끌려다니면 오히려 힘만 더 듭니다.

결국 어떤 모습으로든 살게 될 삶인데, 굳이 더 힘들게 살 필요는 없지 않겠습니까? 마음을 고쳐먹어야 합니다. 오늘 살아 있음에 감사해야 합니다. 너무 자주 들어서 무뎌진 표현이지만 명심해야 할 말을 인용해봅니다.

'당신이 헛되이 보낸 오늘은 어제 죽은 사람이 그렇게 바라던 내일이었다.'

물론 쉽지 않습니다. 하지만 스스로 마음을 바꾸는 노력을 기울이지 않으면 불평불만과 짜증만 반복되는 악순환의 고리는 절대 끊어지지 않습니다. 아무도 대신하여 쳇바퀴를 멈춰주지 않습니다.

김동률의 노래 '감사'는 행복이 특별한 무엇 때문이 아니라

고 말해줍니다.

'눈부신 햇살이 오늘도 나를 감싸면 살아 있음을 그대에게 난 감사해요. 부족한 내 마음이 누구에게 힘이 될 줄은, 그것만으로 그대에게 난 감사해요. (중략) 이제야 나 태어난 그 이유를 알 것만 같아요. 그대를 만나 죽도록 사랑하는 게 누군가 주신 나의 행복이죠. (중략) 누군가 주신 내 삶의 이유라면 더 이상 나에겐 그 무엇도 바랄 게 없어요. 지금처럼만 서로를 사랑하는 게 누군가 주신 나의 행복이죠.'

또한 《탈무드》는 '세상에서 가장 강한 자는 자기를 이기는 자, 가장 지혜로운 사람은 끝없이 배우는 자, 가장 부유한 사람은 항상 만족할 줄 아는 자, 가장 행복한 사람은 범사에 감사하며 사는 자'라고 얘기하고 있습니다.

오늘 하루를 행복하게 살고 싶다면 범사에 만족하고 감사해야 합니다. 서로 사랑을 나눠야 합니다. 심지어 안 좋은 일 앞에서도 좌절하고 무릎을 꿇을 것이 아니라 '그럼에도 이 정도라 다행이다. 그러니 감사하다' 하는 자세로 일상을 회복해야 다시 감사할 일이 생길 것입니다. 이렇게 내가 변해야 나를 둘러싼 세상 또한 변합니다. 이것이 바로 나와 우리와 세상을 바꾸는 힘, 감사력입니다.

감사하지 않는, 감사하지 못하는 사람들의 공통점

우리 주변에는 감사하지 못하는 사람, 감사를 실천하지 못하는 사람이 많습니다. 그들에게는 몇 가지 공통적인 내면의 문제가 있습니다.

첫째, '문제의식'입니다. 문제에 함몰되면 문제만 보입니다. 심지어 없는 문제까지 만들어서 문제로 삼고, 일어나지도 않은 문제까지 만들어내서 걱정합니다. 다음 달에 더 많은 돈을 벌고 싶은데 예상치 못한 일이 생겨서 벌지 못하게 되면 어쩌나 전전긍긍합니다. 누구에게나 공평하게 하루가 주어졌으니 24시간만큼의 문제와 고민거리만 걱정해도 될 텐데, 48시간짜리 문제로 키우고 있으니 안타까울 따름입니다. 하루를 무탈하게 보낸 것만으로도 충분히 감사할 일인데 말입니다. 일상이 이러하면 감사함이 비집고 들어갈 틈이 없습니다.

기쁜 일이 생겼는데도 감사하지 못하고 문제의식 속에 빠져서 사는 사람들은 주로 어릴 때 입은 상처의 트라우마가 있거나, 열등감이 있거나, 비교의식이 있거나, 무언가에 정서적으로 억눌려 있는 경우가 많습니다. 대부분 앞뒤로 꽉 막힌 사람들이라서 쉽게 감사의 문을 열지 않죠. 열어야 합니다. 나를 가두고 있는 문을 열 수 있는 사람은 오직 나 자신뿐입니다.

둘째, 교만함입니다. 교만에서 비롯된 '당연의식', '권리의식', '특권의식'은 은혜와 감사의 본질을 망각하게 만듭니다. 그중에서도 삶을 선물이 아니라 당연한 것으로 여기는 '당연의식'이 가장 큰 문제입니다. 신의 선물인 은혜를 당연한 것으로 생각해선 곤란합니다. 당연한 것은 기억되지 않으니, 당연한 것에 감사하는 사람은 없습니다. 그래서 '당연의식'에 빠진 사람의 삶에는 감사 마인드가 없습니다. 이들은 좋은 일이 생겨도 '그저 우연'이라고 치부해버리곤 합니다. '운이 좋았다', '우연히 재수가 좋았다' 하는 생각은 다분히 자기중심적 해석입니다. 우리의 삶은 사명인데, 이 '섭리의식'이 '우연의식'으로 대체되어 있으면 감사한 마음으로 행동할 수 없습니다.

세상에 우연한 선물이란 없습니다. 원래 그런 것, 원래부터 있는 것이란 없습니다. 모든 것이 감사한 선물입니다. 삶을 경이로운 것으로 인식해야 감사가 나옵니다. 하루하루의 삶을 새롭고 신기하게 느껴야 감사하게 되는 것입니다. 감사는 은혜와 동일어입니다. 감사는 은혜를 은혜로 인식한 사람만이 할 수 있습니다. 모든 일을 은혜로 바라보는 사람이 할 수 있는 것입니다.

셋째, 상대적 빈곤감과 열등감입니다. 이 감정은 '비교의식'에서 싹틉니다. 높은 곳, 많은 것을 바라보면서 목표를 과하게 설정해놓고는 그것이 달성되지 않으면 외부에서 원인을 찾는 사람이 적지 않습니다. 정작 문제는 나의 내면에 있는데도 외부환경으로 탓을 돌리고 있는 것입니다. '내로남불' 마인드도 이런 사람들의 습관 중 하나이죠.

'무엇이 될까'보다 '어떻게 살까'를 고민해야 합니다. '무엇'에서 '어떻게'로 관점을 전환하면, 원하는 그 무엇이 되지 못해 실망하거나 화가 나는 일이 적어집니다. 또한 '어떻게'라는 것은 기본적으로 마음먹기에 달린 것이니, 성공할 확률도 높습니다. 당연히 감사할 일도 많아지겠죠.

자신의 처지를 타인과 비교하면 감정이 열등감으로 이어지면서 불만의 원인이 되기 쉽습니다. 일단 열등감의 늪에 빠지면 걷잡을 수가 없습니다. 침잠이 시작되면 빠르게 가속도가 붙고 허우적거릴수록 더 빠져나오기 힘들어지죠. 바닥이 어디인지를 모르니, 침잠이 언제 끝날지도 모릅니다. 열 길 물속은 알아도 한 길 사람이 만든 늪의 깊이는 스스로 정신세계에 구축한 것이라 그 깊이를 알 수가 없는 것입니다. 결정적으로 누가 늪에서 꺼내줄 수도 없습니다. 제 발로 걸어 들어갔으니, 스스로 나오기 전까지는 답이 없는 것입니다.

넷째, 자기 증명의 삶을 추구하려는 욕심입니다. 경쟁심, 시기심, 조급증 등 자신의 존재를 증명하려는 욕구가 감사를 잊

게 만듭니다. 시기와 질투심이 좋게 발현되면 발전의 원동력이 되기도 하지만 상대적 빈곤감과 열등감을 불러오기 쉽습니다.

경쟁에서 지고 싶은 사람은 아마도 없을 것입니다. 우월한 존재가 되고 싶을 테지만, 나보다 뛰어난 사람은 수도 없이 많으므로 유일한 승자가 될 수는 없습니다. 그러니 욕심을 버려야 합니다.

사실 우월감과 열등감은 동전의 양면과 같습니다. 우월감에서 나온 자기 과시욕은 깊게 뭉쳐진 열등감의 표현이며, 열등감 역시 자신의 존재를 절대시하는 교만에서 비롯됩니다.

물론 세상에 자신의 존재를 알리는 입신양명이 나쁜 것은 아닙니다. 하지만 지나치면 출세지상주의가 되고, 감사함도 모른 채 앞만 보고 달리면 이기적 인간이 됩니다. 이기심은 발목을 잡고 발목은 다시 멱살을 잡아 결국 영혼이 자유롭지 못하게 됩니다. 빨리 성공하고 싶은 조급증 역시 영혼을 갉아 먹는 나쁜 습관입니다.

'호랑이는 죽어서 가죽을 남기고, 사람은 죽어서 이름을 남긴다'는 옛말이 있는데, 사실은 정반대입니다. 호랑이는 가죽 때문에 포수의 총에 맞아 죽고, 사람은 명예욕 때문에 인생을 망치는 법입니다. 그저 이름에 먹칠하지 않게만 살면 됩니다.

그 정도면 감사할 일입니다. 결과를 의식하지 않고 내려놓음의 삶을 살면 영혼도 자유로워집니다.

다섯째, 영적 침체와 '죄의식'입니다. 신이 주신 은혜를 인정하지 않으면 감사가 사라지고, 거룩한 삶도 없습니다. 인간은 언제나 자기보다 큰 무언가를 붙잡으려 하기에 무의식적으로 우상숭배에 빠져들기 쉽습니다. 쇼핑 중독, 섹스 중독, 일 중독, 자녀 숭배, 물질 숭배 등이 그것입니다.

유혹에 넘어가 도덕적 실패에서 비롯되는 '정죄의식', '저주의식', 후회는 감사를 불가능하게 만드는 요인들입니다. 좌절감, 숨겨진 분노, 두려움, 열등감 등 정서적인 문제가 우리의 삶을 어둡게 만듭니다. 이런 문제에 봉착하면 감사의 삶을 살 수 없습니다.

위에 나열한 내면의 문제들이 바로 감사력을 키우지 못하게 만드는 요인입니다. 분주한 현대사회를 살아내느라 감사를 생각할 여유가 없다고 말하지만, 이는 핑계입니다. 내면의 문제를 들여다보는 데에는 그렇게 긴 시간이 필요치 않습니다.

내면을 바꾸지 않으면 외면 역시 달라지지 않습니다. 잠시 문제를 숨겨두고 감사한 삶을 사는 척할 수는 있을 것입니다. 하지만 본질적인 치료를 하지 않으면 내면의 문제들은 언제

내 삶을 변화시키는
감사의 기적

든지 외면으로 드러날 수 있습니다. 암의 뿌리를 제거하지 않은 채 눈에 보이는 것만 치료하면 재발하기 쉬운 것과 비슷한 이치입니다.

　감사의 삶은 반복적 학습과 훈련을 통해 습관이 되어야 합니다. 억지로 만들어내는 것이 아니라 자연스럽게 내면으로부터 우러나오는 것이어야 진짜입니다.

일상에서 감사를 실천하는 5가지 방법

범사에 감사하는 사람은 어떤 상황도 극복할 수 있고 어떤 환경에서도 웃을 수 있는 전천후 역량을 갖춘 사람입니다. 이런 사람들은 도전을 두려워하지 않습니다. 항상 남보다 생각을 더 많이 하며, 오래 참고, 잘 용서하고, 사랑합니다. 그렇게 해서 이 미움 가득한 어두운 세상에서 감사할 일을 만들어냅니다.

1. 도전하기

도전은 기다리는 것이 아니라 먼저 일어서서 움직이는 것입니다. 알아서 해결될 날이 오기만을 기다리면 그것은 용감

한 도전이 아니라 비겁한 대응입니다. 미운 사람이 생겼다면 먼저 과감하게 손을 내밀어야 비로소 해결의 실마리를 찾을 수 있습니다. 도전은 그렇게 하겠다는 과감한 결단, 용기 등의 어떤 '생각'으로부터 시작합니다. 도전하지 않으면 아무것도 얻을 수 없고, 결국 모든 걸 잃는 패배자가 될 것입니다. 나부터 달라지지 않으면 나를 둘러싼 세상은 달라지지 않습니다. 과감하게 문제 해결에 도전하길 바랍니다. 그래야 감사할 거리가 생깁니다.

2. 생각하기

잠들기 전에 하루를 돌아보는 생각의 시간을 꼭 가져야 합니다. 예를 들어 오늘 누군가에게 미안한 일을 범했다면 내일은 꼭 사과하겠다는 생각, 오늘 용서할 일이 있었다면 내일은 꼭 용서하겠다는 생각 등을 정리하고 잠자리에 들어야 합니다. 생각이 정리되지 않은 상태에서 '사과'나 '용서'는 불가능합니다. 오늘의 화를 오늘 안에 풀지 않으면, 화는 쌓이고 쌓여 울화병이 됩니다. 울화병이야말로 암을 포함한 만병의 근원입니다.

또한 오늘 일을 오늘 처리하지 않으면 묵은 숙제가 됩니다. 숙제가 밀리면 하고 싶어도 할 수 없게 됩니다. 시간이 지나면 지날수록 더 하기 싫어지는 법입니다. 오늘의 생각은 오늘 안에 정리하고 마무리하길 바랍니다.

3. 용서하기

'미운 놈 떡 하나 더 준다'라는 속담이 괜히 나온 게 아닙니다. 용서의 영단어 'forgive'는 'for + give'의 조합입니다. 이로써 '~를 위해 ~를 준다'라는 뜻이 되는 것입니다. 용서는 다른 사람을 이해하는 것이 아니라 사랑을 주는 것입니다. 더불어 나를 위해 나의 근심 걱정을 내려놓는 것입니다. 그래야 고통에서 탈출할 수 있습니다.

미운 사람을 용서하면 그때 생기는 자긍심에 스스로 만족을 느끼고 감사하게 됩니다. 용서받은 상대가 나에게 감사함을 표현하면 훈훈한 감정이 감사한 일이 되면서 상대를 사랑할 수 있게 됩니다. 용서와 감사와 사랑의 선순환이 만들어내는 뫼비우스의 띠라고 할 것입니다.

4. 사랑하기

감사의 정수는 사랑함에 있습니다. 감사할 능력이 없다면 사랑할 힘도 없습니다. 반대로 사랑의 감정이 없다면 감사한 마음도 들지 않습니다. 사랑보다 위대한 가치는 없습니다. 단,

내 삶을 변화시키는
감사의 기적

겸손함이 전제되어야 합니다. 우월감에 젖거나 거만한 사랑은 진정한 사랑이 아닙니다.

5. 겸손하기

위에 언급한 도전, 생각, 용서, 사랑은 자신을 스스로 낮추는 '겸손함'에서 시작합니다. 겸손해야 상대방을 용서하고 사랑할 수 있습니다. 그래야 감사할 거리가 눈에 보입니다. '나는 현재도, 앞으로도 절대 잘난 사람이 아닙니다. 오히려 좋은 사람이 되기 위해 도전하고 노력하는 사람입니다' 하는 생각이 바로 겸손함입니다.

내가 상대방보다 훌륭한 사람이라는 생각을 하면 은연중에 무시하게 되고 가르치려 들게 됩니다. 거만한 사람은 절대 작은 것의 소중함을 알지 못합니다. 자신을 낮추고 겸손하게 행동해야 더 나은 삶을 살 수 있다는 것은 동서고금 불변의 진리입니다. 진리는 절대 패배하지 않습니다.

02 생각의 전환과 상황 재구성의 힘

감사력이 절실하게 필요한 지금

"감사의 중요성은 잘 알겠습니다.
그런데 감사력이 정확히 무슨 뜻이죠?"

이는 많은 이에게 수시로 받는 질문입니다. 감사력은 두 가지 면에서 중요한 힘입니다. 첫 번째는 범사에 감사할 줄 아는 능력, 감사한 것을 당연시하지 않고 감사할 줄 아는 능력, 심지어 감사하지 않은 일마저도 감사하게 받아들일 줄 아는 능력입니다. 나를 바꾸는 힘이죠.

두 번째는 감사가 나는 물론이고 우리와 세상을 바꾸는 무한한 힘을 가지고 있기에 감사력이라고 부르는 것입니다.

감사력은 인간이 가진 실제적인 총체적 역량(TQ, Total Quotient)입니다. 즉, 체성·지성·감성·사회성·도덕성·경제성·창조성을 업그레이드시키는 최고의 덕목이라고 할 수 있습니다.

그렇다면 감사력이라는 것은 왜 중요할까요?

2022년 현재, 코로나19로 말미암아 전 세계 모든 사람의 일상이 뒤죽박죽되었습니다. 모두가 의심 없이 맹신하던 과학이 바이러스를 막지 못하고 있습니다. 불특정 타인으로부터 바이러스에 감염될 수 있다는 불안감과 의심은 사람들 사이에 높은 벽을 쌓았습니다. 벽은 나를 가두는 것입니다. 나부터 살아야겠다고 생각하는 사람들은 벽 너머의 세상에는 관심을 두지 않습니다. 낯선 사람에게 도움의 손길을 내밀지 않는 시대, 감사함이 사라진 시대가 된 것이죠. '묻지 마 폭행'이 늘어난 것 역시 같은 이유 때문이지 싶습니다.

시선을 밖으로 돌리면 세계 곳곳에서 인종차별, 내전, 국가 간 분쟁, 공권력의 횡포, 극렬한 우경화가 끊이질 않고 있습니다. 감사가 사라진 자리에 들어선 집단이기주의가 제각기 다른 모습으로 발현되고 있는 것입니다.

안타깝지만 '공경과 존귀', '신의 은총과 자비', '보답의 책임과 의무', '당신에 관한 생각' 등을 어원으로 한 '감사'가 사라졌습니다. 성장제일주의와 무한경쟁의 시대를 사는 현대인들은 범사에 감사하지 않고 끊임없이 더 큰 것, 더 좋은 것만을 원합니다. 심지어 남의 것을 빼앗아 나 혼자만 소유하려 합니다. 양손 그득 넘치도록 소유했더라도 좀처럼 만족하는 법이 없으니 감사함이 들어설 자리가 없습니다. 이대로 두면 세상은 땅에 있는 감옥, 즉 생지옥(生地獄)이 될 것입니다.

그래서 지금이야말로 '감사 운동'이 꼭 필요한 때입니다. 감사할 일을 만들고, 범사에 감사하고, 주변 사람들에게 감사를 표현해야 지옥문을 닫을 수 있습니다. 아이들에게 지옥을 물려주고 싶지 않다면 모두가 함께 운동에 동참해야 합니다. 세상은 나 혼자 바꿀 수 없습니다. 우리가 함께 움직이지 않으면 세상은 변하지 않습니다. 내가 지난 6년간 감사와 관련한 책 두 권을 쓰고, 교회나 학교 등에서 끊임없이 감사 운동의 중요성을 설파하는 이유입니다. 혼자서 주장하면 하나의 목소리에 지나지 않지만, 모두가 함께 움직이면 사회적 운동이 되어 세상을 변화시킬 수 있기 때문입니다.

고백하건대 나는 원래 감사력이 부족했던 사람입니다. 아니, 더 정확히는 직업상 감사 마인드를 갖기 어려운 삶을 살

아왔습니다. 우선 의사이다 보니 사람을 만날라치면 병부터 먼저 보였습니다. 아픈 곳을 보는 일은 썩 반갑지 않은 일이라서 쉽게 감사의 마음이 생기지 않았습니다. 때로는 그 사람의 감춰진 내밀함도 보입니다. 간사함, 교활함, 숨은 저의 같은 것들이 읽히니 짜증도 났습니다. 공동체를 접할 때도 와해의 전조라고 할 수 있는 조직의 연약함이나 틈이 보였습니다. 강의나 설교를 해도 열심히 듣지 않는 사람들만 눈에 들어와서 힘들었습니다.

아마도 대학교수로, 학자로, 저술가로 활동한 탓이었으리라 생각됩니다. 은연중에 분석이나 논리를 따지고 인과관계를 규명해서 원인을 밝히는 일이 사명처럼 되어서 감사력을 키우지 못했던 것입니다.

그런 의미에서 교수, 언론인, 의사, 종교인 등 소위 지성인들이야말로 감사력이 꼭 필요한 사람들입니다. 세상을 분석하는 것이 특징인 지성인들이 감사력을 가지면 훨씬 더 파급력이 있기 때문입니다. 물론 그 반대의 파급력 역시 마찬가지입니다. 혐오 가득한 기사 한 줄과 분노 가득한 강의 하나가 우리 사회를 한순간에 오염시킬 수 있기 때문입니다.

다시 또 고백하건대 젊은 날의 나는 교만의 안경을 쓴 채 주변 상황들을 분석하면서 날 선 비판도 많이 했습니다. 그러던 어느 날 신앙생활을 통해 깨달음을 얻었습니다. 자기 증명의 욕구가 섞인 비판은 문제를 일으키고, 비판과 비난과 비방은 감사를 앗아간다는 사실이었습니다. 인생 후반전이지만 절대 감사의 패러다임을 갖게 되었으니, 정말 감사한 일이 아닐 수 없습니다.

현재 나는 감사 카톡방을 수십 개씩 운영하고, 매일 감사 노트를 쓰면서 하루하루를 감사로 마무리하면서 살고 있습니다. 이를 통해 성장하는 나 자신을 보고 느끼는 그 기쁨은 이루 말할 수가 없습니다. 감사의 깊은 의미를 알아가면서 느끼는 감격은 매우 놀랍습니다. 은혜로 시작해서 무사히 축복으로 끝나는 하루하루에 감사 또 감사할 따름입니다.

이렇게 감사력을 회복한 뒤로 비판의식이 사라졌습니다. 내 눈 속에 있는 들보를 깨닫자 타인의 눈 속에 있는 티가 보이지 않게 된 것입니다. 물론 문제를 제기하는 성향이 완전히 사라진 것은 아닙니다. 그 대신 창조적인 대안이 자리를 잡았습니다.

창조적 대안을 제시하지 않는 비판은 비난이 되기 쉽습니다. 건설적이고 지혜로운 권면이나 교육적 차원의 훈계가 없는 비판은 공동체를 무너뜨릴 수 있는 것입니다. 건강한 공동체는 비난이 아닌 감사의 토대 위에서 성장합니다. '비판의식'

을 '감사의식'으로 전환하는 감사 운동을 함께 펼쳐야 하는 이유입니다.

감사력의 4단계

"불평 모드에서 감사 모드로 전환하라."

감사력은 어깨나 가슴이 아닌 마음에 생기는 근육입니다. 선천적으로 타고난 것이 아니라 오직 훈련을 통해 만들어낼 수 있는 근육입니다. 그런데 보디빌더에게 체급이 있는 것처럼 감사력에도 단계별 등급이 있습니다. 어떠한 상황에 대처하는 자세, 필요한 마음가짐, 자발적 노력 등에 따라 4단계로 나눌 수 있습니다.

    1단계: 감사한 일을 선물로 받아들이면서 감사하는 능력

    2단계: 감사하지 않은 일에도 겸허하게 감사하는 능력

    3단계: 절대적 믿음으로 감사거리를 찾아 기도하는 능력

    4단계: 불평 모드에서 감사 모드로 무의식적으로 전환하는
    능력

감사력 1단계는 좋은 일이 생겼을 때 감사한 마음을 갖는 아주 초보적인 단계입니다. 물론 좋은 일, 감사할 일이 생겼을 때 감사한 마음을 갖는 것은 본능의 범주에 속하는 자연스러운 일입니다. 당연히 감사해야죠. 하지만 이런 기초적인 1단계 감사력조차 유지하지 못하는 사람이 많습니다.

주변을 보면 감사할 일을 양손에 가득 쥐고 있음에도 욕심이 과해 감사함을 느끼지 못하는 사람이 많습니다. 현실에 만족하지 않으니, 당연히 감사할 마음이 없지요. 인간의 욕망은 끝이 없습니다. 능력을 넘어서는 것까지 심지어 아주 많이 원하니, 감사할 일은 더더욱 생기지 않게 되고 스트레스를 받는 것입니다.

축복할 일이 생겼을 때 겸손하게 감사로 받아들이려면 그것을 '선물'로 인식하는 자세가 필요합니다. 나를 둘러싼 환경, 사건, 만남 등 모든 범사를 선물로 여기라는 것이죠. 우연히 온 것들이 아니라 모든 것이 그라시아스, 신의 은총인 것입니다.

예컨대 날 때부터 있었으니 당연한 것 같지만, 부모와 가족만큼 감사한 선물이 없습니다. 무탈하게 함께 밥을 먹을 수 있다는 것 자체가 넘치는 행복이니 감사할 일입니다. 해가 떴으니 당연히 찾아온 것처럼 보이는 오늘 하루도 아주 귀한 선

물입니다. 어제 눈을 감았으면 만나보지 못할 하루니까요.

감사력 2단계는 도저히 감사할 수 없는 상황에서도 감사한 마음을 품는 능력입니다. 사실 감사력이란 감사한 것에 감사하는 능력을 넘어 그 반대의 상황에서도 감사할 줄 아는 능력을 일컫는 말입니다. 좋지 않은 일을 당했는데 "그래도 감사하다. 그만하길 다행이다"라고 말하는 사람을 두고 "감사력이 뛰어나다"라고 얘기하는 것입니다. 긍정적 사고방식을 통해 고난과 역경 이전으로 튀어 오르는 힘, 즉 회복탄력성(Resilience)이 있는 사람들이죠.

물론 갑자기 좋지 않은 일이 생겼을 때 감성, 본능, 본성적으로 반응하는 것이 인간이니 그런 일 앞에서 당황할 수밖에 없습니다. 힘들어 낙담하거나 절망도 하게 됩니다. 하지만 생각을 조금 바꿔 이성적으로 대응하면 좋지 않은 일 중에도 감사로 받아들일 요소가 눈에 들어옵니다.

예를 들어 시련을 경험했다면 향후 발전의 에너지원이 될 수도 있고, 실패를 경험하면서 그 원인을 알았다면 다음 도전에서는 그만큼 성공 확률도 높아진 것입니다. 가장 중요한 건 자신이 얼마나 연약한 존재인지 알게 되는 것입니다. 자신의 내면을 들여다보면 자연스럽게 겸손을 배울 수 있습니다.

정신적 건강함의 척도가 바로 불평 모드(Complain Mode)

에서 감사 모드(Gratitude Mode)로 얼마나 빨리 제대로 전환하느냐에 있습니다. 어려움에 부닥쳤을 때 드러나는 인격이 그 사람의 참인격입니다. 불평불만에 매몰되는 사람이 있고, 오히려 더 깊이 파고드는 사람이 있고, 긍정적 사고를 통해서 감사 모드로 프로세스를 전환하는 사람이 있습니다. 범사에 감사하는 사람이 그런 사람입니다. 앞서 언급한 것처럼 범사에 감사하는 자세는 기쁜 일이 있을 때만 감사하겠다는 '조건부 자세'가 아니라 내가 처한 모든 상황을 감사한 그것으로 받아들이는 '열린 자세'입니다.

그래서 감사력 3단계는 생각(Think)의 전환을 통해 '상황 재구성'을 실천하여 감사(Thank)하는 단계입니다. 불평불만의 안경을 살짝만 고쳐 쓰면, 즉 시선을 바꾸면 감사할 일이 의외로 많이 보입니다. 이 상황 재구성의 능력이야말로 감사력의 핵심입니다.

한편 자신의 연약함을 인정한 사람들은 상대의 그것도 이해할 수 있습니다. 동병상련이라고 하죠? 연약함을 많이 경험할수록 타인의 아픔에 공감하는 능력도 따라서 향상되는 것입니다. 이 감정이야말로 사랑의 전제조건입니다. 상대를 이해하지 않고 사랑할 수는 없는 일이니까요.

예를 들면 나는 의사로서 암 환우들을 상담하고 기도도 해

내 삶을 변화시키는
감사의 기적

주는데, 아무리 정성으로 해도 같은 암 환우가 해주는 위로보다 효과적이지 못합니다. 아무래도 같은 고통을 겪어본 사람만이 그 아픔을 이해하고 연약한 사람을 사랑할 수 있으니까요.

'절대감사(Absolute Thanksgiving)'의 습관이 몸에 밴 단계가 바로 이 3단계입니다. 절대감사란 기독교적인 표현으로, 그 어떤 상황 가운데서도 절대자를 의심하지 않고 오히려 절대적 믿음으로 감사하는 것을 말합니다. 곤란에 처하면 '하늘은 왜 나를 이런 곤란에 처하게 했을까'를 생각하고, 그 생각을 통해 깨달음을 얻는 단계입니다. 묵상이 필요한 순간이지요.

실제로 말도 안 되는 고통스러운 상황에 부닥쳤더라도 묵상을 통해 관점을 바꾸면 그 안에서 감사거리를 10개라도 찾아낼 수 있습니다. 그것을 하나하나 되새기며 매일매일 절대감사의 기도를 드리는 것이 감사력을 키우는 최고의 방법입니다.

끝으로 감사력 4단계는 위의 프로세스들이 자연스럽게 무의식적 반응으로 일어나는 단계입니다. 머뭇거림, 즉 의심 없이 불평 모드에서 감사 모드로 빠르게 전환하는 능력을 갖춘 단계입니다. 쉽게 도달하기 어려운 수준이지만 일단 궤도에 오르면 감사 불패의 일상을 누릴 수 있습니다. 감사력 2단계에 이르면 회복탄력성이 높아져서 삶이 바닥까지 떨어지더라도 금세 제 위치까지 올라올 수 있습니다. 하지만 3단계를 거쳐 4단계에 이르면 삶이 바닥에 떨어지는 일이 좀처럼 생기지 않습니다.

3단계와 4단계에 도달한 사람들은 코로나19 시대에서도 감사거리를 찾아냅니다. 예를 들면 코로나19 덕분에(?) 가족 관계가 회복되고, 오히려 감기에 덜 걸리고, 소확행이 분명해지고, 해외여행 대신 동네 산책에서도 행복감을 누리고, 다 모이지 않고 화상회의를 하니 시간을 절약할 수 있고, 그래서 인격적인 만남이 얼마나 소중한 건지 알 수 있게 되었다는 것이죠. 무엇보다 코로나가 없을 때 우리가 얼마나 행복한 삶을 살고 있었는지 깨닫게 되었다는 것이 고난 속에서 얻은 소중한 지혜라 하겠습니다.

이처럼 감사력의 힘은 실로 위대합니다. 분명 감사는 우리가 꼭 지켜야 할 소중한 가치입니다. 내 영혼 하나를 바꾸는 생활신조이기도 하지만 나를 둘러싼 우리, 나아가 세상을 아름답게 바꿀 절대적 힘을 가진 최고 경지의 철학이기 때문입니다.

감사는 생각의 전환과 상황 재구성으로부터

"상황을 유리하게 재구성하라."

범사에 감사하며 사는 사람이 되고자 한다면 우선 자신이 처한 부정적인 상황을 긍정적인 상황으로, 즉 자신에게 유리한 상황으로 재구성할 줄 알아야 합니다. 눈앞에 펼쳐진 나쁜 상황에 그대로 반응하는 것이 아니라, 생각의 전환(Shift of Thought)을 통해 감사한 상황으로 재구성해서 나에게 도움 되는 쪽으로 빠르게 전환해야 한다는 뜻입니다. 생각(Think)의 전환을 통해 상황을 재구성하여 감사(Thank)하는 것. 나는 이것을 감사의 '씽킹 프로세스(Thinking Process)'라고 부릅니다.

감사력에서 가장 중요한 것이 생각의 전환입니다. 씽킹 프로세스가 원활하게 진행되지 않으면 영혼이 불만 바이러스에 감염되기 쉽습니다. 감사는 상황의 결과물이 아니라, 생각의 전환으로부터 오는 귀한 선물이라는 점을 명심할 필요가 있습니다.

환경이 좋지 못하다고 불평 모드에서 허덕일 것이 아니라, 생각의 전환을 통해 감사 모드로 바꿔야 합니다. 앞서 언급한 것처럼 상대를 생각(Think)하는 것이 감사(Thank)의 출발점입니다. 상대방의 고마운 행동에 대해 먼저 생각부터 해야 감사하다고 말할 수 있는 것처럼 생각을 전환해야 불리한 상황을 유리한 상황으로 재구성할 수 있습니다.

생각을 바꾸면 똑같은 사건을 전혀 새로운 각도에서 해석할 수 있게 됩니다. 나만 재수가 없고 모자라서 감사할 일이 없는 것 같지만, 아주 조금만 관점을 바꾸면 나쁜 일조차 감사할 일이었다는 것을 깨닫게 됩니다. 다시 강조하지만, 감사는 상황으로부터가 아니라 생각의 전환에서 오는 것입니다.

세계 공용어인 'Thank you!'의 나라, 미국의 건국 당시 얘기를 예로 들어보겠습니다. 미국은 1620년 잉글랜드 출신 이민자들이 메이플라워(Mayflower)호를 타고 메사추세츠주에 도착하여 건국한 나라입니다. 미국인들은 이들을 필그림스(Pilgrims), 즉 순례자들이라고 부르죠.

청교도(清教徒)를 포함한 순례자 102명은 길이 30미터, 무

내 삶을 변화시키는
감사의 기적

게 180톤짜리 목조 범선을 타고 시속 2마일의 느린 속도로 항해했습니다. 항해 도중에 돛이 부러지는 등 어려움도 많았고, 숨진 사람도 있었지만 한 아이가 태어났음에 감사했고, 고통스러운 상황에서 아무도 돌아가자는 사람이 없었음에 감사했고, 66일 만에 무사히 신세계에 도착할 수 있었음에 감사했습니다.

처음에는 인디언들의 저항으로 상륙할 곳을 찾지 못해 한 달 동안이나 바다에서 표류하다가 호의적인 원주민들을 만나 상륙할 수 있었는데, 이 일 또한 감사할 일이었습니다. 이주 초창기의 삶은 열악했습니다. 질병과 기근으로 매우 어려운 환경이었는데, 호의적인 인디언들로부터 옥수수 기르는 법을 전수받아 연명할 수 있었습니다. 드디어 첫 추수가 끝난 후 모두 모여 파티를 열었는데, 그때 누군가가 감사기도를 드리자는 제안을 했습니다. 이것이 미국 최대 명절인 추수감사절(Thanksgiving Day)의 유래입니다.

"우리가 어려울 때마다 금식기도를 하는 것은 하나님께 불평하는 것과 다름이 없습니다. 비록 식량이 부족하고 질병과 싸워야 하는 절박한 상황이지만, 우리에게는 신앙의 자유가 있고 정치적인 자유가 있습니다. 게다가 우리 앞에는 광활한 대지가 펼쳐져 있고, 사랑하는 이웃들과 함께 살고 있습니다.

그러니 금식 대신 감사 기간을 정해놓고 하나님께 감사기도를 드리면 어떨까요?"

이처럼 생각의 전환을 통해 스스로 감사할 일을 찾는 구성원이 많은 사회는 그렇지 않은 사회보다 더 아름다운 곳이 될 것입니다. 나는 미국이 부강해진 이유 중 하나가 바로 감사에 젖어 사는 사람이 많아서가 아닐까 생각해보곤 합니다.

건강한 자유인이 되려면 감사력을 회복하고 키워야 합니다. 일상의 소중함에 감사하면서 살 것인지, 아니면 더 특별한 것을 원하면서 그렇게 되지 않았음에 불평하며 살 것인지는 전적으로 본인의 선택과 노력에 달린 일입니다. 노력이 그렇게 어려운 것은 아닙니다. 생각의 전환은 의외로 간단하고, 상황 재구성 역시 마음먹기에 달렸습니다.

상황 재구성의 놀라운 효과

"상황을 재구성하면 고통은 축복이 되고, 숙제는 축제가 된다."

똑같은 상황에 맞닥뜨려도 그 상황을 유리하게 재구성하는 사람과 그렇지 않은 사람의 차이는 놀랍도록 다릅니다. 말 그

대로 유리와 불리라고 하는 전혀 다른 상황에 처해지는 것이기 때문입니다.

씽킹 프로세스를 작동시킬 줄 아는 사람은 자신을 둘러싼 환경을 자세히 관찰하면서 유리한 상황으로 재구성합니다. 불행한 상황에서도 찬찬히 주변을 살피고, 생각하고, 생각의 전환까지 이끌어 감사거리를 찾아냅니다. 어떠한 특정 상황 때문에 감사하는 것이 아니라 모든 상황 안에서, 모든 상황을 끌어안고 감사해야 한다는 '범사에 감사하라'를 일상에서 실천하는 것입니다.

이러면 불평불만이 줄어들면서 자연스럽게 성품이 고와집니다. 사고방식 또한 긍정적으로 변하게 됩니다. 온화하고 긍정적인 사람들은 타인의 입장을 고려하는 이타심까지 갖고 있으므로 그를 둘러싼 상황은 계속해서 자동으로 호전됩니다.

나아가 이런 과정에서 남으로부터 감사의 말을 듣는 사람으로 성장했으니, 자기 행동에 자긍심을 갖게 됩니다. 자긍심은 자연스럽게 자신감과 자존감을 높여줍니다. 자존감이 높은 사람은 열악한 환경에 처하더라도 딛고 일어서서 성공의 길로 나아갈 수 있습니다. 인생 최고의 지혜는 모든 일, 모든 주변 사람, 모든 환경을 감사의 기회로 삼는 것이라는 사실을 잊지 말길 바랍니다.

반면에 씽킹 프로세스를 작동시키지 못해 상황을 재구성할 수 없는 사람은 불평불만 바이러스에 감염된 채 방황을 거듭합니다. 자신의 불만에 동조할 사람을 찾기 위해 좀비처럼 새로운 숙주나 먹잇감을 찾아다닙니다. 자신이 던진 말이 감옥이 되어 자아를 감금하는 것도 모른 채 더 불리한 상황으로만 재구성하는 것입니다.

게다가 자존심이 세서 자신의 실패와 타인의 도움을 인정하려 들지 않기 때문에 감사하다고 말하거나 들을 일이 좀처럼 없습니다. 자존감이 아닌 자존심만 세우는 사람들은 타인과의 관계가 좋지 않기 때문에 갑자기 무너지면 다시 일어서기 어렵습니다. 아무도 도와주지 않으니까요.

다음은 상황 재구성과 그 효과에 대한 예시입니다.

1. 낙방이나 사업 실패는 교만의 해독제로 재구성

앞서 내 직업상 감사 마인드를 갖기 어려웠던 삶을 살아왔다고 했는데, 사실은 그 이전에도 감사한 삶을 살기 어려운 상황이었습니다. 다복하지 못한 가정에서 성장했고, 성인이 되면서 실패의 경험도 많이 했습니다.

가정적으로 보면 아버지는 상습적으로 어머니를 폭행했습니다. 이는 평생을 괴롭히는 트라우마가 되었지만, 오히려 감

사의 소중함을 깨닫는 계기가 되기도 했습니다.

학창 시절의 성적도 변변치 않았습니다. 나름대로 유명한 의사이니 탄탄대로를 따라 진학했을 것 같겠지만, 오히려 그 반대입니다. 나는 중학교 입학시험이 있던 시대를 살았는데, 이미 중학교 입학부터 낙방을 경험했습니다. 그나마 후기에 좋은 학교에 들어갔기 때문에 '최선이 아니면 차선'이라는 생각으로 중학교 낙방에는 큰 상처를 입지 않았습니다. 하지만 대학교 낙방은 충격이 매우 컸습니다. 나의 세대는 특히나 입시와 진학이 매우 중요한 시기였으니, 요즘 말로 '루저'였죠. 그래서인지 실패 때문에 상처받은 사람들의 마음을 잘 헤아리는 편입니다.

재수 끝에 원하는 의과대학에 들어갔는데, 의예과 시절에 또 낙제했습니다. 그때의 충격과 상실감 역시 말로 할 수 없을 만큼 컸습니다. 사실 의과대학은 학사과정이 엄격해서 낙제가 흔합니다. 한 과목만 낙제해도 1년을 더 다녀야 합니다. 그런 고통스러운 경험은 훗날 의대 교수가 되었을 때 수많은 낙제생을 위로할 때 놀라운 위력을 발휘했습니다. 후학들에게 용기를 주기에 개인적 실패 경험만큼 좋은 것은 없죠. 공감 능력은 경험이 없으면 어렵습니다.

또한 대학원 박사과정은 이미 전공과목 교수요원이고 비전공 학생들과 경쟁했기 때문에 쉽게 통과할 수 있는 상황이었지만 이마저도 낙방하고 말았습니다. 크게 좌절했지만, 오히려 일생 중 가장 겸손하게 만든 사건으로 기억하면서 전화위복의 기회로 삼았습니다. 땅 짚고 헤엄치기라고, 우습게 보다가 막상 큰코다쳐보니 겸손의 소중함을 깨닫게 된 것입니다.

사회에 나와서도 마찬가지입니다. 성공한 사업가처럼 보이지만, 그에 앞서 실패 경험도 무척 많이 했습니다. 실패에는 경제위기처럼 외적 요인도 있었지만, 믿었던 사람의 배신 같은 내적 요인도 많았습니다. 하지만 지금 생각해보면 오히려 고마웠던 실패라고 여겨집니다. 아마 늘 성공만 했더라면 독선적이고 교만한 CEO가 되었을 겁니다. 이런 실패가 오히려 감사 마인드의 원동력이 되었다는 사실에 또 감사하고 있습니다.

이처럼 삶의 고난은 독선의 예방주사가 되고, 실패는 교만의 해독제가 됩니다. 생각을 전환할 줄 아는 사람에게는 어려움도 명약이 되지만, 그렇지 못한 사람에게는 자신을 서서히 죽이는 독약이 되는 것입니다.

'현대 선교의 아버지'라 불리는 윌리엄 캐리 역시 생각의 전환과 상황 재구성으로 유명한 일화를 남겼습니다. 그가 산책하러 나간 사이 강아지가 촛불을 넘어뜨려 집이 불타버린 것입니다. 그 때문에 8년 동안 번역한 원고들이 모두 잿더미가 되어버렸습니다. 당시 상황과 원고의 성격을 고려하면 정말로 소중한 자산이 사라진 것이었습니다. 윌리엄 캐리는 개신교 역사상 최초의 해외선교회인 침례교 선교회(BMS)를 설립했고, 인도어·중국어·미얀마어·말레이어 등 44개의 언어로 성경을 번역한 인물입니다. 하지만 산책에서 돌아온 캐리는 강아지를 끌어안고 이렇게 기도했다고 합니다.

"오, 주님! 감사합니다. 지금까지 번역한 원고가 부족하니 완벽하게 번역하라는 뜻으로 알고 감사를 드립니다. 다시 번역하겠습니다."

소중한 것을 잃어 화가 나고 낙담도 되었겠지만, 오히려 겸손할 수 있는 계기가 되었다며 감사기도를 드렸던 것입니다. 윌리엄 캐리는 불행 앞에서 즉시 생각을 전환할 힘이 있었기 때문에 금세 털고 일어났습니다. 긍정적 사고방식을 통해 고난과 역경 이전으로 튀어 오르는 힘, 즉 회복탄력성은 이처럼 중요합니다.

감사 마인드는 좋은 것을 경험할수록 더 많이 생기는 것이 아닙니다. 역설적이지만 상실을 경험할 때 비로소 감사할 수 있게 됩니다. 어두운 밤이 없었다면 에디슨의 백열전구는 빛을 발휘하지 못했을 것입니다. 중요한 것은 상실 앞에서 낙담하는 것이 아니라 상황을 재구성하는 것입니다.

2. 고통은 생존과 성취를 위한 에너지원으로 재구성

악성(樂聖) 베토벤은 청각장애라는 작곡가로서 최악의 사형선고를 받았습니다. 하지만 그럼에도 마음으로 들을 수 있는 귀, 영혼의 귀를 얻었다며 하나님께 감사기도를 드렸습니다. 감사 마인드를 통해 모든 부정적인 요소를 극복하고 위대한 작품을 탄생시켰던 것입니다.

베토벤이 작곡한 '감사의 노래' 중 가장 유명한 것은 교향곡 6번 〈전원〉의 피날레, '폭풍우가 지난 뒤 양치기가 부르는 감사의 노래'입니다. 청각장애로 사람들에게서 멀어지고 상처를 입었을 무렵, 숲을 거닐며 마음의 위안을 찾았다고 합니다. "신의 말을 하는 나무들이 있어서 숲속에서 행복하다"며 신께 늘 기도했다고 합니다.

현악사중주곡 15번 A단조 3악장, '몰토 아다지오, 아주 느리게', '위장병에서 나은 이가 신께 바치는 성스러운 감사의 노래'도 유명합니다. 실제로 베토벤은 20대 중반 청각에 이상이 왔을 때부터 위장병을 달고 살았습니다. 이 사중주곡 작곡을 시작할 무렵에는 고통이 너무 심해 곡을 쓰다 말다 하기를 반복했다고 합니다. 급기야 삶의 의욕까지 상실했지만, 이를 극복할 수 있었던 것은 감사의 힘이 있었기 때문입니다. 곡을 마무리한 베토벤은 자필로 악보에 이렇게 적었습니다.

'병으로부터 회복된 자가 신께 바치는 감사의 노래.'

'새로운 힘을 다시 느낀다.'

정상적이지도 않은 몸으로 이렇게 좋은 음악들을 작곡해주었으니, 우리가 감사할 일이죠. 참으로 감사합니다.

이처럼 고통이 꼭 고통으로만 끝나지는 않습니다. 역작용의 메커니즘을 잘 활용하면 오히려 강력한 감사의 에너지원이 됩니다. 다이아몬드가 만들어지는 과정을 생각해보면 이해가 쉽습니다.

다이아몬드를 구성하는 탄소는 우주에서 수소, 헬륨, 산소에 이어 네 번째로 풍부한 원소입니다. 아주 흔한 재료이지만 지하 200킬로미터 위치의 맨틀에서 오랜 세월 높은 열(900~1300도)과 높은 압력(3만 기압)을 견딘 끝에 지상에서 구할 수 있는 가장 단단한 물질이 되는 것입니다. 열과 압력을 견디는 과정은 괴롭겠지만, 결과적으로는 세상에서 가장 아름답고 값비싼 '돌'이 되는 것입니다.

이처럼 관점을 바꾸면, 즉 고통을 고통으로만 여기지 않으면 고통이 오히려 우리의 내면을 강하고 아름답게 만들어줄 수도 있는 것입니다.

잘 알려진 것처럼 다이아몬드보다 더 강한 것은 오직 다이아몬드뿐이기 때문에 다이아몬드를 자를 수 있는 것도 다이

아몬드뿐입니다. 반면에 연필심에 쓰는 흑연 역시 탄소로부터 만들어진 것이지만, 다이아몬드와 달리 쉽게 부서지는 존재입니다. 어떤 존재가 되고 싶은가요?

나에게 지속적인 고통이란 상습적으로 어머니를 폭행하던 아버지를 보는 것이었습니다. 하지만 지금에 와서 돌이켜보면 고통은 어려울 때 상황을 돌파하는 생존의 에너지, 성취를 위해 매진하는 에너지원이 되었습니다. 결과적으로 아버지가 준 지속적인 고통이 전인적 성장과 성숙을 위해 쓰인 강력한 도구, 훌륭한 유산이 되었던 셈입니다. 나에게 가장 큰 상처를 준 아버지가 결국 가장 많이 성장시켜준 사람이었으니, 완벽한 상황 재구성이라고 할 수 있죠.

이런 노하우를 터득한 뒤부터는 나에게 상처와 고통을 안겨준 분들에게도 감사의 마음을 갖기 시작했습니다. 상처 때문에 힘들었지만, 그것이 오히려 내 연약함을 깨닫게 하고 겸손하게 만들어주는 '교만의 해독제'가 되었으니 당연히 감사할 일이었습니다. 결과적으로 보면 가해자들이 나의 인격과 역량을 성장시켜주었으니, 세상에 고맙지 않은 사람이 없는 셈입니다. 이처럼 상황 재구성은 믿기 어려운 반전까지 선물해줍니다.

내 삶을 변화시키는
감사의 기적

3. 결핍을 자기 혁신의 계기로 재구성

일본의 가전제품 회사 파나소닉의 창립자 고(故) 마쓰시타 고노스케는 일본 내에서 '경영의 신'이라 불릴 정도로 유명한 인물입니다. 그런 인물이 자신은 하늘로부터 '가난함'과 '허약함'과 '못 배운 설움'이라는 세 가지 큰 선물을 받았다고 밝힌 바 있습니다.

"가난 속에 태어났기 때문에 부지런히 일하지 않고서는 잘 살 수 없다는 진리를 깨달아 큰 기업을 경영하게 되었습니다. 또 허약하게 태어난 덕분에 건강의 소중함도 일찍 깨달아 몸을 아끼고 건강관리에 힘썼습니다. 아흔 살이 되었어도 삼십 대의 건강을 유지하면서 겨울철에도 냉수마찰을 하고 있지요. 학업은 초등학교 4학년을 중퇴했기 때문에 항상 이 세상의 모든 사람을 제 스승으로 받들어 배우는 데 노력을 기울였습니다. 그 덕분에 다양한 지식과 지혜를 얻었습니다. 남들이 보기에는 제 환경이 더없이 불행해 보일지 몰라도 제게는 이 모든 것이 하늘이 준 선물이자 기회입니다."

아버지의 사업 실패 때문에 어릴 때부터 가게의 점원으로 일해야 했던 그는 세상을 거꾸로 보는 법을 깨달아 결국 일본 재계의 전설이 되었습니다. 자신이 처한 열악한 환경을 하늘이 주신 선물로 알고 평생 감사하며 살았기 때문에 그에 걸맞

결핍을 겪어본 사람이 위기의 순간에
엄청난 에너지를 낼 수 있습니다.
보통의 에너지는 누구나 낼 수 있지만,
결핍이 무엇인지 아는 사람은
실로 엄청난 에너지를 토해낼 수 있는 것입니다.

은 성공도 거둔 것입니다.

지난 1천 년 동안 인류에게 가장 큰 공헌을 한 인물 1위로 꼽힌 에디슨 역시 베토벤처럼 청각에 문제가 있었지만 "청각 장애로 잡음을 들을 수 없어서 연구에 몰두할 수 있게 된 것에 감사드린다"고 말했습니다. '오히려 감사'를 통해 결핍을 재구성하면서 장애를 극복했던 것입니다.

그에게는 '빈곤한 가정', '짧은 학력', '청각장애'의 삼중고가 있었습니다. 하지만 이런 약점과 결핍을 생존과 성취를 위한 에너지원으로 재구성하여 위대한 발명가가 되었던 것입니다. 이처럼 새로운 발견, 놀라운 발명은 언제나 부족함과 불편함에서 시작됩니다.

나는 이것을 '결핍의 은혜'라고 부릅니다. 남보다 부족한 상황을 두고 마냥 슬퍼할 것이 아니라, 생각의 전환을 통해 결핍을 삶의 원동력이나 자양분으로만 쓸 수 있다면 오히려 은혜로움이니 감사할 일이라는 것이죠.

"나는 누군가에게 감사받을 위치에 있지 않아요. 돈도 없고, 명예도 없고, 나 스스로 감사할 일이 하나도 없는 삶인걸요."

주변을 보면 이렇게 말하는 사람이 많습니다. 하지만 감사는 모든 것을 갖춘 사람이 하는 것이 아닙니다. 부족함이 있을 때, 정상이 아니라 오히려 바닥을 경험할 때 깊은 감사가 나오는 법입니다. 결핍을 겪어본 사람이 위기의 순간에 엄청난 에너지를 낼 수 있습니다. 보통의 에너지는 누구나 낼 수 있지만, 결핍이 무엇인지 아는 사람은 실로 엄청난 에너지를 토해낼 수 있는 것입니다.

4. 사명감은 상황 재구성의 자양분이자 열쇠

알베르트 슈바이처 역시 상황 재구성의 박사급이라 할 수 있습니다. 슈바이처가 어릴 때의 일입니다. 자신보다 몸집이 큰 동네 아이와의 싸움에서 이긴 적이 있었는데, 진 아이가 "나도 너처럼 부자였다면, 잘 먹었으면 이길 수 있었다!"라고 했습니다. 그 말을 듣고 난 뒤부터 남을 생각할 줄 아는 아이가 되었다고 합니다. 유복한 가정에서 마음껏 공부하는 것이 미안했다는 것이죠.

어린 나이에 씽킹 프로세스를 몸에 익힌 슈바이처는 평생 남을 위한 삶을 살았습니다. 행복을 당연히 누릴 것으로 받아들인 것이 아니라 불행한 사람들에게, 즉 사회에 환원해야겠다고 생각했으며 이를 실천한 사람입니다. 사명감을 품었던 것입니다.

나 역시 슈바이처에게 영향을 받아 의대 진학을 결정했습니다. 이왕이면 최고의 의사가 되어 봉사하기로 마음먹고, 무

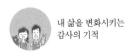

조건 서울대학교 의대를 목표로 삼았습니다. 또한 고통받는 어머니의 모습을 보면서 '평생 고통받는 사람들을 위해 살겠다'라는 사명감과 의지를 다지기도 했습니다. 사명감은 상황 재구성의 자양분이자 열쇠가 되었습니다.

실제로 젊은 슈바이처가 노인이 될 때까지 선교사로서 그리고 의사로서 봉사했던 아프리카에 가보면 아무리 불평이 많은 사람도 소소한 행복의 소중함을 알게 됩니다. 평소에 당연시했던 행복이 어떤 것인지 새삼 깨닫게 되면서 감사할 수 있는 사람으로 쉽게 바뀌는 것입니다. 어렵게 살면서도 행복을 누리는 선한 아프리카인들을 보면서 또 감사하게 됩니다.

나 역시 에티오피아의 짐마라는 지역에서 봉사하며 지낸 적이 있습니다. 수돗물이 안 나오는 집이라서 빗물을 받아 사용할 정도로 불편했습니다. 하지만 사명감으로 봉사하다 보니 내면 깊숙한 곳에서 강력한 에너지가 뿜어져 올라왔고, 그것이 감사 마인드를 견인했습니다. 그리고 한 달 후 귀국해서 수돗물이 펑펑 나오는 삶으로 돌아오게 되자 감사하다는 말이 저절로 나왔습니다. 물 한 방울의 감사함이란 정말로 아는 사람들만 아는 감동입니다.

이처럼 감사의 렌즈로 세상을 보는 것이 상황을 재구성하는 좋은 방편입니다. 감사의 렌즈를 통해서 인생을 보면 모든 게 감사할 거리가 됩니다.

슈바이처도 나도 감사의 렌즈로 불쌍한 사람들을 보았습니다. 그리고 도움을 베풀었고 그 결과 감사하다는 말을 많이 들을 수 있었습니다. 돌이켜보면 베풀었다는 말은 솔직히 옳지 않은 말입니다. 감사는 오히려 내가 해야 할 일입니다. 봉사라고 여기면서 의술을 펼쳤지만 정작 치유를 받은 것은 나였기 때문입니다. 이런 큰 깨달음을 선물로 받았으니, 내가 감사할 일입니다.

5. 상황 재구성을 통해 육체적 구속에서 정신적 자유를

정부 산하 기관의 수장이 정부 반대편의 입장에 섰다가 갑자기 비리 혐의로 수감되는 사건이 있었습니다. 마침 그분은 내가 다니던 교회의 성도였는데, 목사님이 면회하러 갔다가 오히려 큰 위로를 받았다는 말을 전해 들었습니다. 그 이유가 놀랍습니다. 영어(囹圄)의 몸이 된 사람이 이런 말을 했다는 것입니다.

"저는 이 구치소에 있는 것이 너무 감사합니다. 최근 극심한 스트레스 때문에 중증 고혈압 환자가 되었고, 매일 밤잠을 못 이루면서 언제 잘못될지 모르는 위중한 상태였습니다. 그런데 갑자기 묶인 몸이 되면서 조용한 장소에서 온종일 자고,

성경 공부도 하고, 마음껏 휴식할 수 있게 되었거든요. 너무나 감사합니다."

훗날 그는 무혐의로 풀려나 총선에 출마, 국회의원까지 되었습니다. 이 일화를 통해 진정한 감사는 상황을 탓하지 않는다는 것을 새삼 깨달았습니다. 더불어 바닥에 처했을 때 그 상황에 감사하는 사람이 진정한 영웅 아닐까 하는 생각도 하게 되었습니다. 앞서 언급한 넬슨 만델라 역시 "자유로워지고 싶었기에 증오심을 내려놓았다"고 했으니 생각의 전환과 상황 재구성을 통해 27년 옥살이를 버틸 수 있었던 것이라 할 수 있습니다. 감옥에 들어가 자유인이 되고, 증오로부터 탈출해 성숙의 기회를 찾았다니 정말 대단한 위인이죠.

결국 생각의 전환이 상황을 바꿔놓습니다. 갇혀 있다고 생각되면서 화가 난다면 그곳은 감옥이 되는 것이고, 깨달음을 얻을 수 있는 공간이라면 수도원이 되는 것입니다.

나 역시 비슷한 경험을 한 적이 있습니다. 개인적으로 '하와이 빈대 사건'이라고 부르는 다소 황당하고 '웃픈' 얘기입니다.

하와이 열방대학교에서 리더십 훈련을 받을 때의 일입니다. 렌트한 집에서 자고 일어난 첫날 아침, 하얀 시트에서 여섯 개의 핏자국을 발견했습니다. 몸에 물린 자국이 있는 것으로 보아 벌레의 소행이라고 짐작은 했지만 대수롭지 않게 넘겼습니다. 아열대 지방이라 모기도 많으니 그러려니 했죠.

그래도 아침에 눈을 뜨면 무조건 감사기도부터 올렸습니다. 이미 '범사에 감사하라'라는 말씀을 실천하면서 살던 때여서 벌레 하나로 불평 바이러스에 감염될 만큼 감사력이 약하진 않았습니다.

현지 사정을 아는 이들은 침대에 빈대가 있을 가능성이 크다고 했습니다. 설마 하와이에 빈대가? 혹시나 했지만 역시나였습니다. 내 침대 매트리스가 빈대들의 집단 서식지였던 것입니다.

두 달 정도 지났을 무렵 빈대들의 공격으로 말미암아 참을 수 없는 극심한 가려움증에 시달렸습니다. 아무리 약을 먹거나 발라도 무용지물이었습니다. 요즘 빈대는 약으로도 좀처럼 죽지 않아 슈퍼 빈대, 불사조 빈대라고 불립니다. 생존 능력이 뛰어나 먹지 않고도 3개월을 버티고, 먹성이 좋아 하룻밤에 3백 번이나 흡혈한다는 빈대들의 집단 공격을 받았으니 컨디션이 엉망이 되었습니다. 그럼에도 매일 아침 감사기도를 멈추지 않았습니다. 그러던 어느 날 빈대 체험에도 감사해야 할 이유가 열 가지나 된다는 깨달음을 얻었습니다. 생각의 전환으로 상황을 재구성하는 방법을 찾아낸 것이죠.

첫째, 그동안 평생 빈대에 안 물리고 살았던 것이 실로 엄청난 축복이었음을 깨닫게 되어서 감사!

둘째, 물리지 않는 날도 있었으니 그런 날은 당연히 무조건 감사(그 감격은 매일 빈대에 물리는 것을 경험해본 사람이 아니면 도저히 이해할 수 없습니다)!

셋째, 집에 다녀갔던 손님들이 물리지 않아서, 다른 사람이 아니라 우리가 먼저 물려서 감사!

넷째, 한 침대에서 함께 잔 아내가 나보다 덜 물린 것에 감사!

다섯째, 그래도 하와이를 떠날 날이 정해져 있었으니, 어떤 일이든 반드시 지나간다는 희망이 있음에 감사!

여섯째, 빈대 사건을 빼면 지난 3개월간 최고의 삶을 누릴 수 있었으니 그나마 다행이라 감사!

일곱째, 빈대로 말미암아 고통이 있었지만 그래도 감사를 잃지 않은 것에 감사!

여덟째, 나 자신을 겸손하게 낮출 수 있어서 감사!

아홉째, 내가 빈대가 아닌 것, 빈대 같은 사람이 아닌 것에 감사!

열째, 연수 기간 중 훌륭한 감사의 스토리텔링을 얻은 것에 감사!

감사력이 충만한 사람들은
주어진 방 안에 안주하는 것이 아니라
항상 깨어 있고, 늘 생각하고, 쉼 없이 행동합니다.

아침마다 이런 제목으로 감사기도를 드렸습니다. 이처럼 인식을 전환하니 고통이 오히려 감사력을 회복하는 계기가 되었습니다. 비록 육체는 구속되었지만, 상황 재구성을 통해 정신의 자유를 얻을 수 있었던 것입니다. 나는 이렇게 한낱 미물로부터 인생을 배웠습니다.

6. 분노의 상황을 정신적 성숙의 계기로 재구성

영국 빅토리아 시대에 활동했던 찰스 스펄전 목사는 '설교의 황태자'라는 별명을 가지고 있습니다. 일찌감치 목회자 활동을 시작, 생전에 1천만 명의 사람들에게 설교했다고 알려져 있죠.

어느 날 스펄전 목사가 지방 교회의 예배에 참석했다가 그 교회의 목사가 자신의 설교를 표절했는데, 토씨 하나 안 틀리고 그대로 따라 하는 것을 알게 되었습니다. 이 사실이 드러나면서 지역 교회의 목사가 스펄전 목사에게 사과했죠. 그런데 놀라운 것은 스펄전 목사의 반응이었습니다. 오히려 "내가 만든 빵이 당신을 통해 다시 여러 사람의 양식이 되었으니 감사하다"라고 말했던 것입니다.

이처럼 상황을 재구성하면 상대방에게 상처받지 않을뿐더러 화를 내지 않고 오히려 축복을 경험할 수도 있습니다.

존경하는 의사 중 폴 브랜드 박사가 있습니다. 과거에 우리가 나병이나 문둥병으로 불렀던 한센병 환자들을 위해 평생을 바친 명의였습니다. 못쓰게 된 손발을 외과적 수술로 치료하는 수술법을 고안하고 발전시킨 인물로 유명한데, 특히 선교사로 파송된 인도에서 많은 환자를 치료했습니다.

그랬던 그가 어느 날 발뒤꿈치에 감각이 없어진 것을 알게됩니다. 한센병 환자는 신경 파괴로 말미암아 통증을 느끼지못한다는 것을 누구보다 잘 알고 있는 그였으므로 자신도 한센병에 걸린 것이 아닌지 고민할 수밖에 없었죠.

잠을 설치고 일어난 브랜드 박사가 아침에 가장 먼저 시도한 것은 바늘로 발뒤꿈치를 찔러보는 것이었습니다. 다행히심한 통증을 느낄 수 있었는데, 그의 첫 번째 반응은 "오, 감사합니다"였습니다. 끔찍한 걱정의 밤을 통과한 뒤 오히려 감사력을 회복했던 것이죠.

통증이 있다는 것은 살아 있다는 증거입니다. 문제가 있다는 것도 살아 있다는 증거입니다. 통증은 우리 몸의 상태를알려주는 신호등이고, 문제는 우리의 역량을 성장시키는 원동력이 됩니다. 그런 의미에서 정신적 통증과 문제에 감사할필요가 있습니다.

나는 영원한 골프 초보자입니다. 1년에 한두 번 치다 보니

내 삶을 변화시키는
감사의 기적

항상 서투르기 그지없습니다. 골프를 치다 보면 마음대로 공이 날아가지 않는다고 짜증을 내는 사람을 많이 보게 됩니다. 하지만 나는 필드에 설 때마다 오늘 하루 시원한 드라이버 샷 하나만 나오면 그만이라는 생각으로 부담 없이 임합니다. 마음에 드는 샷 하나만 나오면 그다음 공부터는 보너스이니까 부담 없이 즐기자는 자세인 것이죠. 이 역시 상황 재구성을 통해 얻는 소소한 행복입니다.

이처럼 모든 것이 마음먹기에 달린 것이지만 말처럼 쉽지 않죠. 나쁜 일에 화부터 나는 것이 인간의 본성이니까요. 애써 만든 자신의 강의를 훔쳐 가고, 원하는 대로 공이 나가지 않으면 짜증이 납니다. 그렇다고 감사의 삶을 포기해야 할까요? 되는대로 화를 내면서 살아야 할까요? 정답은 잘 알고 있을 거라 믿습니다. 미성숙한 존재가 되고 싶은 사람은 없을 테니까요.

위에서 살펴본 것처럼 생각을 재구성할 줄 알면 고통이 축복으로 바뀔 수 있고, 인생의 숙제는 축제가 될 수 있습니다. 감사가 무엇인지 알게 됨으로써 정신적 성숙이라는 선물도 받을 수 있습니다.

외부로부터 자극을 받자마자 바로 반응하는 것은 본성적인 반응이고, 아무리 센 자극이 가해지더라도 생각의 필터링을 거쳐 충분히 소화한 다음에 반응하는 것은 이성적 반응입니다. 필터링의 공간이 크고 넓은 사람, 즉 자극과 반응의 간격이 충분한 사람일수록 생각의 시간을 더 깊고 길게 가질 수 있습니다. 그 결과 생각의 전환이 유연해지므로 감사력이 좋다고 할 수 있는 것입니다.

　단언컨대 감사력은 생각의 전환을 통해 만들고 키울 수 있는 근육입니다. 상황 재구성의 능력 역시 타고난 것이 아닙니다. 교육과 훈련을 통해 누구나 터득할 수 있습니다. 중요한 것은 누구나 갑자기 불행한 환경에 처할 수 있으므로 평소에 교육과 훈련을 게을리하지 말아야 한다는 것입니다. 갑자기 나쁜 상황에 직면하면 차분하게 생각할 겨를이 없으니까요. 보통 새로운 습관을 익히는 데 2개월 정도 걸린다고 합니다. 그러니 당장 오늘부터 시작하길 권합니다.

씽킹 프로세스로 열리는 문

"감사하면 저절로 열리는 문이 있습니다."

　감사력이 넘치는 사람들은 유난히 사고력과 관찰력이 뛰어

내 삶을 변화시키는
감사의 기적

납니다. 끊임없이 자기 삶이나 주변 환경을 유심히 관찰하면서 감사할 일이 있는지, 반성할 일은 없는지를 생각합니다. 또한 도움이 필요한 사람은 없는지도 관찰하고 손길을 내밉니다.

이처럼 감사력이 충만한 사람들은 주어진 방 안에 안주하는 것이 아니라 항상 깨어 있고, 늘 생각하고, 쉼 없이 행동합니다. 그렇기에 그들의 눈앞에는 저절로 열리는 문 몇 가지가 있습니다.

대표적인 문이 감사가 충만한 '사랑의 문'입니다. 감사하다는 건 모든 사람을 용서하고, 사랑을 고백하는 것이기도 합니다. 따라서 여기에는 그 어떤 불편한 관계, 얼어붙은 관계도 긍정으로 바꾸는 위대한 능력이 있습니다. 이 감성의 불씨로 앞을 밝히면 자연스럽게 사랑의 문으로 인도받을 수 있습니다. 스스로 그 문을 열고 들어가는 일만 남았습니다.

감사력으로 무장하면 '감옥의 문'을 열고 탈출할 수도 있습니다. 스스로 만든 미움과 시기와 질투의 감옥에서 벗어날 수 있는 것입니다. 스스로 가둬버렸던 것이니, 감옥의 열쇠 또한 여러분에게 있습니다. 스스로 문을 열고 나오길 바랍니다. 정신적 자유부터 확보하지 않으면 진정한 자아를 찾을 수 없습니다.

'임재(臨在)의 문'도 열 수 있습니다. '임재'란 기독교에서 '하나님이 인간에게 나타나는 일'을 뜻합니다. 감사력 충만한 삶을 살다 보면, 일상에서 순간순간 감사하다 보면 절대자의 임재를 경험하게 될 것입니다. 임재의 문이 열리면 일터나 가정에서 더욱 행복한 하루를 보낼 수 있습니다.

'변화의 문'과 '행복의 문'도 열립니다. 우선 감사의 삶을 살면 정신이 건강해지는 변화를 경험하게 됩니다. 변화의 문이 열리면 영혼의 키가 한 뼘 더 성장한 자신을 발견하게 될 것입니다.

혹은 키가 더 큰 사람만이 열 수 있는 변화의 문 앞에 도착하기도 합니다. 어느 것이 먼저랄 것도 없습니다. 변화는 계속 반복해서 일어나는 것이기 때문입니다.

단언컨대 감사의 횟수가 행복의 길이를, 감사의 깊이가 행복의 깊이를 결정합니다. 자주 감사하면 오래 행복할 수 있고, 깊게 감사하면 좀 더 큰 행복을 누릴 수 있습니다. 행복은 쉽게 소진되지 않습니다. 비우면 감사력을 통해 채워지고, 채워지면 감사력을 통해 주변 사람에게로 흘러가 은혜가 됩니다. 해피 바이러스에 전염되는 것입니다.

행복한 사람은 타인을 바라보는 눈빛, 건네는 말 한마디가 다릅니다. 언행에 늘 따스한 온기를 품고 있어서 누군가에게

내 삶을 변화시키는
감사의 기적

행복한 사람은 타인을 바라보는 눈빛,
건네는 말 한마디가 다릅니다.
상대의 행복이 다시 나의 행복으로도 이어지니,
결국 이타심은 나를 위한 이기심과 맥락이 같습니다.

는 감사한 은혜가 됩니다. 이타심이죠. 상대의 행복이 다시
나의 행복으로도 이어지니, 결국 이타심은 나를 위한 이기심
과 맥락이 같습니다.

　행복한 이타주의자는 다시 주변 환경을 관찰하고 사고하면
서 도울 일을 찾게 될 것입니다. 이러한 선순환의 과정은 절
대 패배하지 않고 반복됩니다. 더 강하고 빠르게, 더 자주 반
복되면 나와 우리와 세상은 틀림없이 더 좋은 상태로 바뀔 것
입니다. 그것이 감사력의 저력입니다. 감사력에 의해서 열리
는 행복의 문을 경험해보길 바랍니다.

범사는 당연한 것이 아니라 그 자체로 기적입니다. 삶을 기적처럼 경이로운 것으로 인식해야만 감사함이 우러나오게 됩니다. 하루하루의 삶이 새롭고 신기하게 느껴져야 감사하게 됩니다.

같은 의미로 상황 재구성을 통해 감사력을 회복한 사람은 모든 것을 경이롭게 느끼면서 감사한 마음을 갖습니다. 일상에서 사소한 일에 전율하는 법도 터득하여 알고 있습니다. 누군가를 그리며 사랑하는 것도 전율 같은 기적이고, 누군가의 빛이 되어 사랑받는 것도 전율 같은 기적입니다. 그래서 감사를 아는 사람은 항상 밝고 긍정적이고 행복합니다.

"인생에는 두 종류의 삶이 있다. 하나는 기적 같은 건 없다고 믿는 삶이요, 다른 하나는 모든 것이 기적이라고 믿는 삶이다. 내가 생각하는 인생은 후자의 삶이다."

모든 삶이 선물이고 기적이라는 겸손한 자세로 평생 감사의 삶을 살았던 아인슈타인이 남긴 말입니다. 아인슈타인의 천재성은 창의력에서 빛을 발했는데, 그 창의력이 바로 상황 재구성 능력으로부터 나온 것이었습니다. 감사는 모든 가능성과 잠재력 그리고 창조성의 문을 여는 만능열쇠입니다.

여기까지 읽었다면 이제 살짝 감사의 '감'을 잡은 겁니다. 문고리 정도는 잡았다고 할까요? 나와 함께 걸어가보죠. 어떤

내 삶을 변화시키는
감사의 기적

길이 펼쳐질지 어떤 문이 열릴지 알 수 없으니 걱정되나요? 걱정할 필요 없습니다. 감사는 미래의 불확실성과 염려와 두려움을 확신과 담대함으로 바꾸는 전환 장치이며, 곤란한 상황에서도 삶을 바꾸는 비결이며, 그 어떤 삶의 결과도 긍정적으로 수용하게 만드는 마법입니다. 그래서 감사 불패, 감사의 삶에는 패배가 없습니다. 믿음이 있다면 분명 감사할 일이 생길 겁니다.

감사 표현의 5가지 원칙

1. 모두에게 감사(동심원 감사)

나에게만 감사하는 것으로 그쳐서는 곤란합니다. 나와 관련된 모든 사람은 날 위해 존재하는 내 삶의 일부분입니다. 따라서 나는 모두에게 빚진 자이므로 나와 관련된 모두에게 감사해야 합니다. 그 모두가 또 다른 모두에게 감사하고, 그 동심원이 점차 퍼져나가면 이 사회는 한결 더 건강해질 것입니다. 감사에는 선한 영향력이 있어서 또 다른 감사를 낳으면서 점점 그 폭과 깊이가 확장되기 때문입니다.

2. 즉시 감사

감사한 마음이 들었을 때, 그 훈훈한 마음이 식기 전에 표현해야 합니다. 시간이 지나면 감사의 의미가 퇴색될 수도 있고, 섭섭하다는 소리를 들을 수도 있습니다. 즉각적인 피드백으로 감사의 마음을 전해야만 풍성한 대인관계를 맺을 수 있습니다.

3. 계속 감사

감사는 지속 성장이 가능한 관계의 초석이자 윤활유입니다. 상대방의 존재 이유를 설명해주는 것이니, 할 수 있을 때마다 계속해서 해야 합니다. 감사야말로 상대방에게 건네는 최고의 선물이자 찬사입니다. 선물은 자주 할수록 좋습니다.

4. 소문 감사

감사할 일이 생기면 동네방네 소문을 내야 합니다. 신세를 졌던 사실, 그 고마움의 내용을 널리 알려야 합니다. 상대방이 없는 곳에서도 공개적으로 칭찬해야 합니다. 이것이 밀도 높은 대인관계, 확고한 신뢰관계를 구축해줍니다.

5. 비판 없는 감사

섣부른 판단이나 조언, 나아가 비판하면서 감사의 마음을 전하는 것은 금물입니다. 이렇게 하면 오히려 안 한 것만 못합니다. 그래도 부득이하게 조언해야만 한다면 먼저 감사의 내용부터 말하는 것이 좋습니다. 그래야 상대방이 온전하게 마음을 열 것이고, 그래야 감사의 취지가 퇴색하지 않을 것입니다.

나와 관련된 모든 사람은 날 위해 존재하는
내 삶의 일부분입니다. 따라서 나는
모두에게 빚진 자이므로 나와 관련된
모두에게 감사해야 합니다.

PART
3

감사력을
키워주는
일상의 습관

기적의
언어 습관

감사하고 또 감사하기

"내 인생에는 감사할 일이 하나도 없는 것 같아요.
아무래도 재수가 없는 팔자인가 봐요."

범사에 감사하라는 말이 너무 막연한 것 같다며 어렵게 생
각하는 사람이 많은데 그렇지 않습니다. 우선 빈번하게 "나는
재수가 없는 사람이야" 하는 말버릇부터 버려야 합니다. 재수
가 만든 감옥에서 스스로 죄수가 되어 살아서는 곤란합니다.
'말이 씨가 된다'는 말처럼 본인의 언어 습관이 운명을 좌우

할 수도 있기 때문입니다. 당연하지 않을까요? 욕을 입에 달고 사는 사람보다 '감사합니다'를 자주 입에 올리는 사람에게 더 좋은 일이 더 많이 생기지 않을까요?

좋은 일에는 '당연' 감사, 작은 일에는 '확대' 감사, 평범한 일도 서로 이어져 있으니 '연결' 감사, 나쁜 일에는 '초월' 감사, 실패도 성공의 어머니가 되니 '오뚜기' 감사를 하는 자세가 필요합니다. 조금 더 자세히 설명할까요?

'오늘 하루 감사할 일 있었으니, 그러므로 당연히 감사'하는 태도는 앞서 언급한 감사력 4단계 중 가장 초보적인 1단계입니다. 인생이 축제와 같으니 기쁨의 감사를 드릴 수 있죠. 한 발짝 더 나아가 소소한 일상에서 '그래그래, 이 정도면 감사하지'라고 만족하며 감사의 마음을 품는 것은 1.5단계입니다. 이는 작은 기쁨을 일부러 확대해석해서 감사하는 태도입니다. 모든 것은 연결되어 있으니, 작은 기쁨은 큰 기쁨이 될 것임을 믿고 과욕을 부리지 않는 것이죠.

감사력 2단계와 3단계는 안 좋은 일이 있었으나 이 정도라서 '그나마 다행'이라며 긍정적으로 받아들이며 감사하는 자세입니다. 시험에 들게 한 이유가 있을 것이라 여기며 겸허히 받아들이고, 실패를 반전과 발전의 기회로 삼아 '오뚜기'처럼 일어서는 것이죠.

내 삶을 변화시키는
감사의 기적

이처럼 도저히 감사할 수 없는 상황에서도 생각(Think)의 전환을 통해 '상황 재구성'을 하면서 감사(Thank)하는 사람들은 자신에게 약점이 있더라도 '그것마저도' 감사히 품어 안습니다. 나의 뜻과 의지로 어찌할 수 없는 나쁜 상황이니 '초월'하는 것입니다. 이런 깨달음을 얻은 사람들은 '그렇기 때문에' 모든 상황을 무조건 감사하게 받아들입니다.

　감사력의 마지막 4단계는 위의 상황들에 처할 때마다 무의식적으로 감사를 표하는 단계입니다. 무조건적인 감사를 넘어 아예 일어나지도 않은 미래의 일까지도 자연스럽게 선감사를 해버리는 경지입니다.

　'내 인생이 그렇고 그렇지'가 아니라 '그러므로 당연히 감사', '이 정도면 감사', '그나마 감사', '그것마저도 감사', '그렇기 때문에 감사'하다고 표현하는 것이 바로 감사력을 키워주는 기적의 언어 습관입니다.

　어떠한 상황에 맞닥뜨렸을 때 내가 선택하는 단어에 따라 긍정 상황이 부정 상황이 될 수도 있고, 그 반대일 수도 있습니다. 감사와 긍정의 말을 많이 할수록 화자의 마음이나 생활 태도가 좋아질 수밖에 없고, 자신도 모르게 말에 어울리는 행동을 하게 되기 때문에 결과도 좋을 수밖에 없습니다. 나아가 본인과 상대방은 물론이고 가정, 사회, 국가를 아름답게 꽃피우는 씨앗이 될 것입니다. 이런 기적의 언어 습관을 하나씩 살펴보겠습니다.

감사할 일이 있었으니 '그러므로 당연히' 감사

19세기 말, 베리 칼리지(Berry College)의 창립자인 마사 베리와 포드 자동차의 회장인 헨리 포드 사이에 '감사'에 대한 매우 유명한 일화가 있습니다.

마사 베리는 돈이 없어 공부할 수 없는 가난한 학생들을 위해 학교를 세웠습니다. 학생들에게 음악을 가르치기 위해서 피아노 한 대가 필요했지만 살 돈이 없었습니다. 그래서 당시 최고 갑부이던 포드 자동차 회사의 헨리 포드 회장에게 편지를 써 보냈습니다. 1천 달러만 기부해달라는 내용이었죠.

얼마 후 답장이 왔는데 봉투를 열어보니 10센트가 전부였습니다. 갑부의 기부금치고는 너무 소액이었죠. 하지만 베리는 실망하지 않고 그 돈으로 땅콩 종자를 사서 학교에 심어 키웠습니다.

매년 수확한 땅콩을 팔아 돈을 모았고, 포드 회장에게도 이익금 일부를 보냈습니다. 5년 뒤 드디어 피아노를 장만할 수

내 삶을 변화시키는
감사의 기적

있게 되었을 때 다시 편지를 썼습니다. '당신의 도움으로 피아노를 살 수 있었습니다. 감사합니다'라는 내용의 편지에 포드 회장이 마침내 답장을 보내왔습니다.

'선생님 같은 분이 미국에 있다는 것이 자랑스럽습니다. 선생님 같은 분은 처음입니다. 많은 사람이 제게 도움을 요청해왔지만, 기부금을 주면 작다고 투덜대거나 모르는 척해버리기 일쑤였습니다. 그런데 선생님은 작은 기부금에도 감사하고 이익금까지 돌려주시니 감격했습니다. 1만 달러를 보내드리니 피아노를 더 사시기 바랍니다. 앞으로 도움을 청하시면 액수와 상관없이 제가 책임을 지겠습니다.'

보통 사람이라면 "갑부라면 당연히 피아노를 100대 정도 사줘야지, 10센트가 뭐냐?"라고 불평했을 것입니다. 무시당한 것 같다고 욕을 하는 사람도 있겠죠. 하지만 마사 베리는 달랐습니다. 작은 일을 '확대' 감사했고, 평범한 일을 '연결'시켜 감사의 의미를 부여했습니다.

당연한 것을 당연시하지 않고 감사하는 것, 감사할 일이라면 그게 비록 작고 초라하더라도 불평 대신 감사하는 것, 그 마음을 행동으로 옮기는 것, 범사에 감사하는 것. 이런 실천을 통해 더 나은 내일을 설계할 수 있었던 것입니다.

이는 안분지족의 교훈이기도 합니다. 많은 것을 공짜로 얻

작은 일에도 감사하는 사람에게는
더 큰 감사함이 찾아오는 법입니다.

으면 좋겠지만 사소한 것이라도 모든 것이 선물이니 감사한
마음으로 살자는 뜻이지요. 작은 감사함도 감사함이므로 당
연히 감사해야 할 일이라는 뜻입니다. 세상의 이치는 변하지
않습니다. 작은 일에도 감사하는 사람에게는 더 큰 감사함이
찾아오는 법입니다.

　미래를 위해 학교를 설립하는 것도 이와 비슷합니다. 흔히
교육을 백년지대계라고 하죠. 하지만 학교 설립자들은 100년
을 살지 못합니다. 그럼에도 애써 미래를 설계하는 이유는 그
게 이 사회로부터 감사히 받은 것을 감사히 되돌려주는 일이
기 때문입니다. 내가 설립한 '꿈의학교' 역시 그렇습니다.

불행했으나 '그나마 다행'이라며 긍정 감사

《빙점》으로 유명한 일본 소설가 미우라 아야코의 이웃 중에 아무리 힘들거나 짜증 나는 일이 있어도 '범사에 감사'를 실천하는 가정주부가 있었습니다. 하루는 닷새 동안 억수 같은 비가 내렸습니다.

'설마 이런 상황인데도 감사할까?'

아야코는 이웃의 반응이 궁금해 빗줄기를 뚫고 이웃집을 방문했습니다. 놀랍게도 이웃은 아주 밝고 행복한 얼굴로 "요즘 너무 감사하고 있다"며 아야코를 맞이했습니다. 깜짝 놀란 아야코가 "이렇게 비가 많이 오고 주변에 피해가 심한데 어떻게 감사할 수 있죠?"라고 물었습니다.

"닷새 동안 비가 나눠서 내린 것에 너무나 감사하고 있어요. 그나마 다행이죠. 만일 하루에 다 몰아서 쏟아졌다면 어쩔 뻔했어요?"

최악의 상황을 최악으로 받아들이지 않고, 그 안에서 차선을 찾아낼 수 있는 힘이 바로 긍정의 힘입니다. 이런 사람들은 비가 그친 후에 일상으로의 복귀, 즉 회복탄력성이 좋습니다.

한편 미우라 아야코의 삶에도 늘 비가 내리고 있었습니다. 24세 때부터 13년 동안 당시로는 불치병인 폐결핵을 앓는 등

청춘의 전부를 누워만 지냈습니다. 그뿐만이 아닙니다. 폐결핵을 비롯해 척추 카리에스, 파킨스병, 대상포진 등을 달고 살았으나 항상 웃으면서 주변 사람들에게 감사의 중요성을 전했다고 합니다.

"아프지 않으면 드리지 못할 기도가 있습니다. 아프지 않으면 듣지 못할 말씀이 있습니다. 아프지 않으면 접근하지 못할 거룩한 장소가 있습니다. 아프지 않으면 우러러보지 못할 거룩한 얼굴이 있습니다. 아프지 않았다면 나는 인간일 수조차 없었습니다."

아픔을 승화시킨 것이죠. 병으로 잃은 것은 건강뿐이었고 오히려 얻은 것이 있다는 생각의 전환, 아픔을 통해 배운 것이 있었으니 원망하지 않겠다는 자세, 아프지 않았다면 몰랐을 것들에 대해 감사하는 작가의 태도는 매우 놀랍습니다. 이러한 힘의 원천은 종교였습니다. 평범한 가정주부였다가 소설을 쓰게 된 계기도 더 많은 사람에게 그리스도를 전하고 싶어서라고 밝힌 바 있습니다.

불행한 상황에 부닥쳐 좌절할 법도 한데, 그 정도라서 다행이라며 감사의 계기로 승화시킨 예는 무척 많습니다. 발이 없지만 팔이 있어서 그나마 다행이고 감사하다고 한 아베베 비킬라도 그렇습니다.

내 삶을 변화시키는
감사의 기적

1960년 로마올림픽 마라톤 경기에서 에티오피아 출신의 흑인 선수가 세계신기록을 세우면서 골인 지점을 통과했습니다. 최초로 치러진 야간경기, 제대로 된 첫 TV 중계, 아프리카 흑인 최초의 올림픽 금메달리스트. 모든 것이 스포트라이트를 받기에 충분했지만, 더 놀라운 것은 맨발로 달렸다는 점이었습니다. 그는 원래 대표팀 선수가 아니었기 때문에 발에 맞는 신발을 준비조차 하지 않았던 것입니다.

　　그로부터 4년 후인 1964년 도쿄올림픽. 아베베는 대회 5주를 남기고 급성 충수염 수술을 받았습니다. 하지만 또다시 세계신기록을 달성하며 금메달을 목에 걸었습니다. 올림픽 마라톤 역사상 최초 2연패. 그것도 올림픽 2연패를 모두 세계신기록과 함께한 선수는 아베베뿐이었습니다.

　　하지만 일본 조직위원회가 에티오피아의 국가를 준비하지 못해 기미가요를 연주하는 해프닝도 있었습니다. 로마올림픽 금메달 획득이 과거 에티오피아를 6년 동안 무단 점령한 이탈리아의 심장부에서 거둔 쾌거였다는 것까지 따져보면 아베베는 한국의 손기정 선수와 평행이론의 관계인 것 같습니다. 역경을 이겨낸 것도 비슷하죠.

　　또 4년 뒤인 1968년 멕시코올림픽에서는 페이스메이커 역할을 수행해 조국에 올림픽 마라톤 3연패의 영광을 안겨주었습니다. 하지만 영웅에게 불행이 찾아왔습니다. 교통사고로 목뼈가 부러지고 척추가 손상되어 하반신 마비가 오면서 결국 두 다리를 쓰지 못하게 된 것이죠. 마라톤 선수에게는 사형선고였지만 아베베는 굴하지 않았습니다. 휠체어를 타고 장애인 올림픽에 도전한 것입니다. 심지어 눈썰매, 양궁, 탁구 종목까지 참가해 놀라운 성적을 거뒀습니다.

우리는 종종 이런 식의 말을 많이 합니다.

"나도 남들처럼 특별과외를 받았더라면 1등을 할 수 있다."

"발을 다쳤으니 운동을 포기하겠다. 포기는 내 탓이 아니다. 상황이 도와주지 않아서 그런 것이다."

하지만 아베베는 달랐습니다.

"잃은 두 다리를 생각하기보다 아직도 쓸 수 있는 두 팔을 보면서 새로운 희망을 찾았습니다."

남들이 불행이라고 여기는 것을 다행으로 인식하겠다는 태도를 가진 사람들은 이렇게 말합니다.

"오른손잡이인데 왼팔을 다쳤으니 그나마 다행이죠. 이제라도 오른팔의 소중함을 알았으니 감사할 일입니다."

결핍과 장애를 감사력으로 극복하고 있는 것입니다.

오늘의 현실에 감사해야 더 나은 내일, 감사할 만한 미래를 만날 수 있습니다. 오늘에 감사하지 않는 사람에게 감사할 만

한 미래는 찾아오지 않습니다. 성공을 잡으려고 해도 미꾸라지처럼 도망만 다닐 겁니다. 이런 상황이면 미래를 계획할 수도 없지요. 미래를 계획하지 못하면 오늘을 엉망으로 살 수밖에 없습니다. 일상의 모든 사건과 상황을 감사의 렌즈를 통해서 보겠다는 사고방식이 중요한 이유입니다.

'PTSD'가 아닌 'PTG'로 반전 감사

1984년, 29세의 석창우는 29,000볼트 고압 전류에 감전되어 두 팔을 잃었습니다. 둘째 아이가 태어난 지 한 달 반 만에 일어난 끔찍한 사고였습니다. 아내는 '양팔 절단, 사망할 수도 있음'이라는 수술 동의서에 사인해야만 했고, 1년 반 동안 12차례에 걸친 수술과 입원 치료가 거듭되었습니다. 살아도 사는 것이 아닌 그런 상황이었죠.

그러던 어느 날 네 살짜리 아들이 그림을 그려달라고 졸라대는 통에 처음으로 그림을 그리게 됩니다. 팔이 없으니 의족을 끼고 참새 한 마리를 그리는 데 하루가 걸렸습니다. 기적은 그다음부터 시작됩니다. 그림에 대한 호응과 응원이 다시 시작할 힘을 주었습니다. 손이 없는 상태에서도 뭔가를 해낼 수 있다는 깨달음은 용기가 되었습니다.

그렇게 석창우는 팔을 잃은 대신 새 삶을 얻었습니다. 각고의 노력 끝에 의수에 갈고리를 차고 정상인보다 더 힘찬 그림을 그려내는 세계적인 수묵 크로키의 거장이 되었습니다. 그를 유명하게 한 것은 2014년 소치 동계 패럴림픽 폐막식과 2018년 평창 동계 패럴림픽에서 선보인 힘찬 크로키 퍼포먼스였습니다. 석창우 화백은 그림을 다 그린 뒤 발바닥으로 낙관을 찍습니다. 감전 사고로 두 발가락이 없는 낙관이지만 많은 사람에게 희망을 전해주는 아이콘이 되었습니다.

기자들은 그에게 과거로 돌아가고 싶냐고 물었습니다. 하지만 그는 모든 것을 하나님의 뜻으로 돌리면서 팔이 있던 30년보다 팔 없는 30년이 더 행복하다고 답했습니다. 자신이 절대자의 프로그램 속에 들어가 있다는 깨달음을 통해 긍정적 사고를 양팔에 장착하게 된 것입니다.

그는 신앙의 힘으로 기독교 구약과 신약, 카톨릭 구약과 신약 전부를 필사했습니다. 하루 4~5시간씩, 3년 6개월에 걸쳐 마무리한 필사본은 총 길이가 2,875미터에 달합니다. 팔이 열 개라도 쉽게 할 수 있는 일이 아니죠.

석창우 화백은 자신의 인생 사전에 '할 수 없다'는 없다고 말합니다. 일단은 된다고 생각하고, '어떻게 하면 할 수 있을

지' 그 방법을 찾아봐야 한다고 강조합니다. 그는 혹여 실패하더라도 "실패 자체도 나를 발전시키기 위한 수련 과정이니 두려워하지 말라! 그리하면 실패마저 긍정적인 것이 되면서 뭔가를 해낼 수 있는 밑천이 된다!"라고 말합니다.

석창우 화백의 다음과 같은 말은 감사의 중요성을 잘 말해주고 있습니다. '마음먹기'가 얼마나 중요한지도요.

"죽지 않은 것은 물론이고, 게다가 의수를 낄 수 있을 만큼만 팔을 절단했으니 다치더라도 감사하게 다친 것이죠."

이화여자대학교 4학년에 재학 중이던 이지선은 음주운전자가 낸 7중 교통사고로 전신 55%에 3도 화상을 입었습니다. 의료진도 포기할 정도였지만 7개월간의 입원과 30번이 넘는 고통스러운 수술을 이겨내고 결국 살았습니다.

'왜 내게 이런 일이 생긴 걸까? 그럼 내가 아닌 다른 누군가에게 이런 일이 일어나도 된단 말인가?'

목숨을 건진 뒤 원망도 많이 했지만, 마음을 고쳐먹었습니다.

'아니다. 이것은 죄에 대한 벌이 아닌 우연한 사고일 뿐'이라고 자신을 위로하면서 '왜?'보다는 '어떻게 살 것인가?'에 집중했습니다. 그리고 매일 감사할 거리를 찾았습니다. 온종일 '오늘은 어떤 것에 감사할까?'를 생각했습니다.

사고 후 초반에는 숨 쉬는 것 자체가 은혜이고 기적이라서 감사, 가족이나 친구들과 얘기를 나눌 때 잠시라도 고통을 잊을 수 있어서 감사, 몇 달을 침대에 누워만 있다가 처음으로 일어나 몇 걸음 걷게 되었을 때 감사, 그다음에는 또 몇 걸음을 더 걸어서 스스로 화장실을 갈 수 있게 되었을 때 감사, 환자복 단추를 하나 채우는 데 몇 분씩이나 걸리지만 그래도 자신의 손으로 직접 단추를 채울 수 있게 되었을 때 감사, 그렇게 그녀는 매 순간 감사기도를 올렸습니다.

"어떻게 보면 말도 안 되는 감사인데, 자꾸 하다 보니 힘이 되더군요."

자꾸 입술로 감사하다고, 감사하다고 말하다 보니 '맞아, 오늘은 그래도 작은 변화가 있었어!' 하는 생각이 들었다는 것입니다. 그래서 '내일이면 또 다른 감사할 거리가 있겠구나' 하는 희망도 생겼다고 했습니다.

이런 내용을 담은 책 《지선아 사랑해》는 베스트셀러가 되었고, 12년의 유학을 마치고 귀국해 교수가 되었습니다. 역시 많은 기자가 물었습니다.

"과거로 되돌아가고 싶지 않나요?"

하지만 그녀는 지금 이대로 충분히 행복하다고 대답했습니다. 사고 초기였다면 모든 걸 잃어버린 것이 속상해서 당연히 돌아가고 싶다고 했겠지만, 지금은 오히려 배운 것이 많다는

이유에서였습니다.

사고 이전에는 도움을 달라고 신께 기도했지만 사고를 당하고 보니 시간이나 호흡처럼 사소한 것들조차 온전히 다 내 것이 아니고 선물이었음을 깨달았답니다. 그래서 그걸 몰랐던 때로 돌아가고 싶지 않다는 것이죠. 아픔을 통해 크게 성장한 감사의 거인, 이지선이었습니다.

흔히 '외상 후 스트레스장애'라는 'PTSD(Post Traumatic Stress Disorder)'만 언급하지만, 이처럼 '외상 후 성장'이라는 'PTG(Post Traumatic Growth)'도 있습니다. 악몽 같은 트라우마일지라도 이를 감사로 치환하면 삶의 성장에 도움 된다는 것입니다.

누구에게나 안 좋은 일은 생길 수 있습니다. 흔히 불행이라 불리는 병이나 사고에 예외는 없는 것입니다. 하지만 그 안에서 배울 점을 찾아내며 감사로 승화하는 사람과 그저 원망만 거듭하는 사람의 삶은 크게 차이가 납니다. 살아 있다는 것 자체만으로도 무한히 감사해야 할 것임을 깨닫고 늘 범사에 감사하는 사람들의 삶은 더욱 차원을 달리할 것입니다. 장애와 결핍을 자기 혁신의 계기로 재구성하고, 고통을 생존과 성취를 위한 에너지원으로 재구성하는 생각의 전환은 매우 중요한 것입니다.

자신을 신뢰하라.
평생 함께 살며 만족할 수 있는
자아를 창조하라.

약점이 있지만 '그것마저' 품에 안고 감사

딱히 불행한 일이라고까지 말할 수는 없지만, 막상 본인에게 일어나면 세상이 무너질 것 같은 약점이 누구에게나 있을 수 있습니다. 예를 들면 외모 콤플렉스가 그렇습니다. 이런 부정적 요소를 감사력을 통해 긍정적 요소로 치환하여 성공적인 삶을 사는 사람도 많습니다.

골다 메이어는 이스라엘을 건국한 유명한 정치인 중 한 명입니다. 신생 이스라엘 공화국의 노동부장관, 외무부장관 등을 거쳐 총리 자리에까지 올랐죠. 영국의 마거릿 대처 총리 이전에 먼저 '철의 여인'으로 불린 이스라엘의 첫 번째, 그리고 유일한 여성 총리였습니다. 사망 후에는 12년 동안이나 백혈병으로 고생했다는 사실이 알려지면서 충격을 주기도 했죠.

유명한 여성이었지만 사실 그렇게 빼어난 외모의 소유자는 아니었습니다. 그녀는 자서전에 이렇게 썼습니다.

'내 얼굴이 못생겨서 다행이었다. 못났기 때문에 열심히 기도했고 공부했다. 나의 약함은 이 나라에 도움이 되었다.'

외모에 대한 절망이 신의 소명을 깨닫는 기회가 되었다면서 평생 감사하며 살았다고 합니다. 약점을 직시하고 노력했기에 그것이 성공의 발판이 되었습니다. 긍정의 힘이 자신뿐만 아니라 이스라엘도 구한 것이죠.

전남대학교 의과대학 명예교수인 이무석 교수 역시 머리숱이 없다는 약점이 오히려 장점이 되었다며 약점에 감사해하는 인물입니다. 듬성듬성한 머리숱이 자연스럽게 트레이드마크가 되어서 사람들이 잘 기억해주기 때문이라는 것이죠. 이러한 생각의 전환과 유리한 상황 재구성은 이무석 교수가 자주 강조하는 '자존감'을 통해 가능했습니다.

자존심과 달리 자존감이란 건강한 자기애입니다. 스스로 자신의 존재가치를 인정하면서 자신을 사랑할 수 있는 마음이지요. 타인의 시선이 아닌 나의 시선으로 스스로를 괜찮다고 여기면서 가치를 올리면 감사할 일이 훨씬 더 많아집니다. 자신감도 덩달아 생기니 도전할 일도 많아지게 됩니다.

자존감의 반대말은 열등감입니다. 그 안에서 허덕이다 보면 정신력과 체력이 고갈됩니다. 현실의 자신을 인정하지 않고 완벽함만 추구하다 보니 무기력해지고, 화도 많아집니다. 당연히 감사와는 거리가 먼 삶을 살게 되지요.

앞서 언급한 석창우 화백도 "손이 없는 것은 단점이지만 스포츠 선수처럼 몸 전체를 움직여 그림을 그리면서 필력이 살아나는 장점이 되었다"라고 말합니다.

끝으로 골다 메이어의 말을 한 번 더 인용해봅니다.

"자신을 신뢰하라. 평생 함께 살며 만족할 수 있는 자아를 창조하라."

마이클 펠프스는 남들은 평생 한 개도 따기 어려운 올림픽 금메달을 무려 23개나 가지고 있는 미국의 수영 선수입니다. 당연히 몸도 마음도 건강할 것 같지만 의외로 그렇지 않습니다. 그는 주의력 결핍-과잉행동증후군(ADHD)을 앓고 있으며, 2004년 음주운전과 2008년 마리화나 복용 등으로 사회적 물의를 일으키면서 손가락질을 당한 바 있습니다. 그래도 다시 일어서서 2012년 런던올림픽에서 금메달 4개와 은메달 2개를 따며 화려하게 복귀했습니다.

언뜻 문제가 하나도 없는 강한 사람처럼 보이겠지만, 사실은 자살을 생각할 정도로 우울증이 심한 상태였다고 합니다. 유명인이니 병력을 감출 법도 하지만 오히려 이 사실을 주변에 알리고, 적극적으로 도움을 요청한 덕에 극복할 수 있었습니다. 자신의 약점을 인정하고 세상에 알림으로써 오히려 치유받고 감사하는 삶을 살게 되었던 것입니다. 그는 이렇게 말했습니다.

"괜찮지 않아도 괜찮다는 것을 이제는 안다. 자살하지 않아서 얼마나 감사한지 모르겠다."

약점을 약점이라 생각하면 약점으로 끝나지만, 그것을 극복하려고 노력하면 충분히 장점으로 발전시킬 수 있습니다. '부정적' 시선을 '긍정적' 시선으로 바꾸면 정말로 삶이 달라집니다.

감사력은 '나를 있는 그대로 받아들이겠다'는 마음가짐을 통해 향상될 수 있습니다. 아프거나 남보다 못한 약점이 있지만 그럼에도 삶을 감사하게 받아들이겠다는 '마음'을 '가짐'이 중요하다는 뜻입니다.

나의 과거와 현재가 아무리 보잘것없어 보일지라도 '그럼에도 이것이 바로 나 자신'이라는 것을 인정하고 삶의 일부분으로 받아들이겠다는 태도를 취한다면, 그리고 그것에 감사한다면 여러분의 오늘은 분명 어제보다 행복해질 수 있습니다. 내일은 더 행복해질 것이고요.

실패를 통해 배웠으니 '그래도' 오뚜기 감사

인생에는 많은 실패가 있을 수밖에 없습니다. 문제는 실패의 벽에 부딪혀 주저앉을 것인지, 실패를 통해 성공의 방법을 배워가면서 앞으로 나아갈 것인지에 있습니다. 경험이 주는 산교훈을 내 것으로 취하는 사람과 알고도 무시하는 사람의

미래는 다릅니다.

유명한 뉴스 앵커 데이비드 브린클리는 말했습니다.

"신은 가끔 우리 앞에 빵 대신 벽돌을 던져놓는다. 어떤 사람은 원망하면서 벽돌을 걷어차다가 발가락이 부러지기도 하지만, 어떤 사람은 그 벽돌을 주춧돌로 삼아 집을 짓는다."

성공한 사람들은 장애물을 원망하는 대신 감사의 발판으로 삼아 오뚝이처럼 다시 일어선다는 뜻입니다.

미국의 16대 대통령 에이브러햄 링컨은 "실패했지만 경험을 쌓았기에 감사하다"라고 말한 정치인이었습니다. 그는 처음 출마한 시의원 선거에서 13명 중 9위를 해서 낙선했습니다. 그럼에도 그 결과에 낙심하지 않고 긍정적인 태도를 견지했습니다.

'나는 내 출신 동네에서 300명 중 227명의 지지를 얻었다. 나를 아는 분들은 나를 지지하니 이제부터 점점 나를 알리면 되겠구나. 이제부터 시작하면 된다.'

링컨에게는 생각의 전환으로 상황을 재구성하는 능력이 있었던 것이죠.

링컨은 대통령이 되기 전에 무려 일곱 차례나 낙선의 쓴맛을 보았습니다. 24세에 주의회 의원 낙선, 30세에 의회 의장직 낙선, 32세에 대통령 선거위원 낙선, 36세에 하원의원 공천 탈락, 47세에 상원의원 낙선, 48세에 부통령 낙선, 50세에 상원의원 낙선 등을 경험했지만 좌절하지 않았습니다.

낙선된 사실을 알고 난 뒤 그가 처음으로 한 일은 이발소에 가서 머리카락을 자르고 목욕한 뒤 그동안 고생한 육체에 휴식을 선물하면서 자신에게 벌어진 모든 상황에 감사했다고 합니다.

그러고는 바로 다음 날부터 다시 선거 준비에 돌입했습니다. 심지어 더 높은 목표를 설정하면서 말이죠. 성취 수준을 높게 잡으면 실망도 큰 법인데, 그는 실패를 발판 삼아 더 큰 성공을 준비하는 훈련이 된 사람이었기에 과감할 수 있었습니다. 있는 그대로의 자신을 인정하고, 좋지 않은 일은 바로 털어버리면서 실패조차 감사한 경험으로 받아들이는 긍정적인 습관 덕분에 가능한 일이었습니다. 결과적으로 본다면 한 개인의 끝없는 감사가 자신을 바꾼 것은 물론, 노예 해방이라는 역사의 한 획을 그었던 것입니다.

링컨이 원래부터 엘리트였던 것으로 오해하기 쉬운데, 사실 그는 가정환경이 좋지 않아 초등학교도 제대로 졸업하지 못했습니다. 이러한 학력 콤플렉스, 즉 결핍을 극복하기 위해 열심히 책을 읽으면서 독학으로 법률을 공부했습니다. 나아가 매일 성경을 읽고 위인의 글을 필사하면서 지혜로운 리더가

내 삶을 변화시키는
감사의 기적

되었습니다.

세계적인 기부왕 폴 마이어는 젊은 시절 취업 면접에서 무려 57번이나 떨어졌습니다. 하지만 훗날 35개의 회사를 운영하는 성공한 경영자가 되었습니다. 계속되는 실패에도 포기하지 않고 다시 도전할 수 있었던 이유는 상황을 긍정적으로 바라보고 생각의 패턴을 '감사 마인드'로 바꾸는 그의 태도에 있었습니다.

'내가 19세 이후에 설립한 100개의 회사 중 65%는 생존하지 못했다. 그런데 나는 이런 실패 속에서 감사하는 법을 배웠다. 더 강한 정신력과 예리한 감각을 가지게 되었다. 모든 실패에는 실패보다 더욱 유익한 씨앗들이 숨어 있었다.'

어릴 때의 성장 과정도 긍정과 감사 마인드에 도움이 되었습니다. 마이어가 어렸을 때 그의 아버지는 모형 비행기를 사주지 않았습니다. 그 대신 설계하는 방법과 원자재를 골라 직접 만드는 법을 가르쳤습니다. 결국 마이어는 직접 제작한 모형 비행기로 상을 탈 수 있었습니다. 또한 새 자전거도 사주지 않았습니다. 어쩔 수 없이 고장이 잦은 헌 자전거를 타게 되었는데 수리를 반복하다 보니 기술을 터득했고, 심지어 이를 통해 돈까지 벌 수 있었습니다.

일반인들에게는 결핍이 원망의 재료들이었겠지만, 생각의

전환력이 있던 그에게는 감사와 발전의 원동력이 되었던 것입니다. 또한 보험 회사 시절 밑바닥에서부터 시작했는데, 이를 불평하는 것이 아니라 오히려 배움의 기회로 삼았습니다. 밑바닥이라서 겸손한 태도를 가질 수 있게 되었고, 회사의 가장 세세한 업무까지 배울 수 있는 특권을 누렸다고 회상했습니다. 이처럼 그가 거둔 놀라운 성공들은 일찍부터 터득한 '감사하는 태도'에서 나온 열매라고 할 수 있습니다.

그는 《기부왕 폴 마이어의 좋은 습관 24가지》라는 책을 통해 자신의 좋은 습관을 크게 다섯 가지로 나누었습니다. '좋은 습관을 위한 준비', '출발', '철학', '자원', '최종 정리'였는데, '좋은 습관을 위한 준비' 중 첫 번째가 '감사'라고 했습니다.

혹시 '이미 성공한 사람들이니까 저렇게 말하는 것이겠지' 혹은 '운이 좋았던 거야'라고 생각하나요? 글을 쓰는 나에게도 비슷한 생각을 품고 있나요?

착각입니다. 이미 위대한 사람이라서 저렇게 말하는 것이 아니라 저렇게 말할 수 있어서, 그렇게 행동해왔기 때문에 위대한 사람이 된 것입니다. 불행한 환경에 처했더라도 "그 대신 다른 것을 얻었으니 100% 실패는 아니다!", "아픔을 통해서 배운 것이 있다!" 하며 겸손하게 행동하는 사람만이 '운명'을 돌려놓을 수 있습니다. 결핍을 자기 혁신의 계기로 재구성

하고, 자존심이 아니라 자존감을 키우는 사람만이 감사함에 한 발짝 더 다가갈 수 있습니다.

감사력이 부족한 사람들은 성공한 사람을 곱지 않은 시선으로 보면서 깎아내릴 궁리만 합니다. 이래서는 발전이 없습니다. 의외로 감사할 일이 많은데 생각을 바꾸지 않고 있으니, 감사할 일이 보이지 않고 불만거리만 늘어날 것입니다.

반면에 감사력이 높은 사람들은 상대적으로 낙관적이고 긍정적입니다. 당연히 그 기운은 주변 사람들에게도 전파됩니다. 결국 새는 같은 깃털끼리 모이게 마련입니다. '감사주의자'들의 모임은 서로의 말에 귀를 기울이면서 늘 웃음이 넘치고, '불만주의자'들의 모임은 남의 말은 듣지 않고 자기 말만 하는데 내용은 남 헐뜯기 일색입니다. 전자는 충만함이 남고, 후자는 허전함이 남을 것입니다. 어떤 삶을 원하나요?

소소한 일상에 '그래그래' 이 정도면 감사

"오늘 하루 무탈하게 보낼 수 있게 해주셔서 감사합니다."

나는 회사 임직원들과 지인들에게 '하루 5감사 운동'을 권유하고 있습니다. 이는 오늘 하루 일상 속에서 적어도 5개 이상의 감사거리를 떠올리면서 감사기도를 하고, 이를 기록하고, 함께 공유하면서 배가시키는 생활 속 감사력 강화법입니다. 그렇게 하면 자연스레 감사력을 생길 것이고, 그 힘이 나와 우리와 세상을 긍정적으로 변화시킬 것이라고 믿었습니다. 처음에는 도무지 감사할 일이 없다고 투덜대던 사람들도 얼마 뒤 감사거리가 차고 넘친다고 고백하곤 합니다. 실제로 늘 우울한 표정이었던 직원의 얼굴이 어느 날부터 눈에 띄게 밝아지고, 불평불만을 입에 달고 살던 지인의 입에서 "감사합니다" 하는 감탄이 습관처럼 나오는 모습을 보고 있습니다. 그렇게 나를 중심으로 한 사람들이 선한 영향력을 받아 영적으로 건강해지고 있습니다.

5감사는 개인의 감사 노트에 일기처럼 적기도 하지만, 단체 카톡방 등을 통해 여럿이 공유도 하고 있습니다. 내가 운영하는 단체 카톡방만 30여 개에 달하는데, 가만히 들여다보면 서로 자극을 주고받으면서 감사력이 향상되는 시너지 효과가 있다는 것도 깨닫습니다.

5감사 운동에 동참한 직원들과 지인들의 감사거리 몇 가지를 공유합니다. 들여다보면 '겨우 이런 것에 감사한다고?' 하는 생각이 들 정도로 사소한 것도 있습니다. 하지만 감사와 행복이란 이런 것입니다. 놀랄 정도로 특별한 것이 아니라 너무 특별하지 않아서 놀랄 정도인 것입니다.

"힘들었던 퇴근길, 마중을 나와준 남편에게 감사합니다. 평범하지만 일상의 행복에 감사합니다."

"예쁜 컵을 선물해주셔서 감사합니다. 당신의 소소하고 자잘한 챙김에 늘 감사합니다."

"코로나19 덕분에 그동안 우리가 얼마나 자유롭게 살았는지 깨달음을 얻을 수 있었습니다. 감사합니다."

"배탈 때문에 고생했지만 쉼을 누릴 수 있는 계기가 되어 감사합니다."

"교통사고로 차는 망가졌지만, 몸은 다치지 않음에 감사합니다."

"암에 걸려 수술까지 받았지만 이렇게 살아 숨 쉬니 얼마나 감사한 일인지요. 이제야 인생의 소중함을 깨닫습니다."

"1등만 하다가 2등이 된 것, 감사합니다. 실패를 원동력 삼아서 교만하지 않고 더욱 열심히 공부하겠습니다. 3등으로 떨어지지 않은 것만으로도 감사합니다."

"집에 도착하자마자 피곤해서 잠이 들었습니다. 부족했던 잠을 보충하며 체력을 회복하게 되어 감사합니다."

"저녁밥이 맛있었습니다. 엄마, 감사합니다."

정말 의외로 딱히 특별한 게 없죠? 직접 시도해보면 하루에 5개 찾기가 그렇게 어렵지 않을 겁니다. 현대인들의 일상이 늘 비슷하니 처음에는 반복되는 감사도 있겠지만, 익숙해지면 5개만 고르기가 어려울 정도로 감사할 거리가 많음을 알게 될 것입니다. 한 달만 실천해도 150개가 됩니다. 그때쯤 되면 달라지고 있는 자신을 발견할 것입니다. 그러니 당장 오늘부터 도전해보길 바랍니다. 실천하는 사람의 내일과 그렇지 않은 사람의 내일은 분명 다를 테니까요.

직업상 사체 부검을 많이 하는 법의학자 이호 교수는 방송에 나와 "매일 죽음을 보다 보니 살아 있다는 게 비정상처럼 느껴질 때도 있다"라고 말했습니다. 본인의 의지와 상관없이 수많은 위험이 매일매일 찾아오는 현실 속에서 어떻게 살아남았는지 의문이 들 정도라는 것이죠. 맞습니다. 가만히 보면 오늘 당장 예상치 못한 사고를 당해도 이상할 것 하나 없는 세상입니다.

내 삶을 변화시키는
감사의 기적

특히 대도시에 사는 현대인들은 너무 많은 위험에 노출되어 있습니다. 일터에서, 거리에서, 하루가 멀다 하고 대형 사고가 터지고 있습니다. 그러니 살아서 일상을 영위하고 있다는 것 자체가 곧 기적이고, 그러니 감사할 일입니다. 아픈 곳 없이 오늘 아침 눈을 뜰 수 있다는 것도, 화장실에 가서 내 힘으로 볼일을 볼 수 있다는 것마저도 감사할 일입니다.

우리는 목숨을 잃을 뻔한 사고를 당한 뒤에야 비로소 이런 뒤늦은 고백을 합니다.

"살아 있다는 것 자체만으로도 감사한 일임을 깨달았다."

소소한 일상이 사실은 기적 같은 일이라는 것을 늦게라도 알았으니 다행이긴 합니다. 사실 이마저도 모르고 지나가는 사람이 많죠. 그런데 이러한 이치를 미리 알았더라면 평소의 삶이 훨씬 더 풍요롭고 건강하지 않았을까요? 하루 5감사 운동을 통해 경험해보길 바랍니다.

결과와 상관없이 선감사

여기 한 농부가 있습니다. 열심히 논밭에 씨를 뿌리면서 오늘 하루 농사지을 힘과 그럴 땅이 있음에 감사해합니다. 그리고 머지않은 미래에 크건 작건 자연이 선물을 주실 것이라 믿고 미리 감사해합니다.

이처럼 감사할 일이 생기기도 전에 미리 감사하는 것을 선감사라고 합니다. 농부가 씨앗을 뿌리는 것과 비슷해서 '씨앗 감사'라고도 하죠. 감사의 씨앗을 뿌리면 사랑의 싹이 나고 신뢰의 줄기가 자라면서 우리 공동체에 행복이라는 열매가 열립니다. 반대로 감사의 씨앗을 뿌리지 않으면 그 자리에 불평과 원망의 씨앗이 뿌려지게 됩니다.

우리 모두는 농부의 마음을 닮을 필요가 있습니다. 오늘 살아 있음에, 그래서 내일을 꿈꿀 수 있는 것만으로도 감사할 일이기 때문입니다. 나를 둘러싼 환경에, 그리고 오늘 하루 이루어진 모든 만남에, 크건 작건 얻은 성과에 감사해야 합니다. 그리고 내일 좋은 일이 있을 것을 믿고 미리 감사하면서 잠자리에 들어야 합니다. 그렇게 반복하면 틀림없이 어느 날의 내일엔 감사한 일이 생길 겁니다. 그것도 아주 자주, 의외로 많이 말입니다.

"미리 선감사를 했는데도 내일 그 믿음이 배신을 하면 어떻게 하느냐?" 하는 질문도 종종 받습니다. 그럴 수 있죠. 하루 만에 갑자기 세상이 바뀔 리 없으니 포기하지 말고 꾸준하게 해야 합니다. 강력한 감사와 절대 믿음은 언젠가 꼭 응답합니다.

내 삶을 변화시키는
감사의 기적

외국에서 공부하는 나의 아들이 방학하고 집에 올 때면 만성 피부 질환으로 얼굴이 벌겋게 된 경우가 많았습니다. 때때로 국제전화를 걸어와 "얼굴 상태가 더 나빠졌다"라고 할 때면 매우 괴로웠습니다. 그때마다 나는 '곧 좋아질 것'이라는 믿음으로 씨앗기도를 드렸고 결국 아들의 피부는 빠르게 회복되었습니다. 이처럼 선감사는 매우 강력한 믿음의 감사입니다.

선감사를 하면 놀랍게도 모든 짐으로부터 자유로워지는 것을 느낄 수 있습니다. 책임 소재가 주님께 넘어간다고 할까요? 하지만 자신에게 혹은 절대자에게 신뢰가 있을 때 비로소 가능하니, 믿음부터 갖는 것이 중요합니다.

어렵나요? 선감사가 어려우면 감사하는 척이라도 자주 하는 것이 좋습니다. 일종의 마인드 컨트롤이죠. 이것이 왜 중요하냐면, 우리의 뇌는 감사하는 척 흉내만 내도 세로토닌이라는 신경전달물질을 분비합니다. 세로토닌은 감정, 식욕, 수면, 통증 등의 조절에 관여합니다. 스트레스 호르몬이 분비되면 세로토닌이 저하되면서 우울증이나 불안장애, 공황장애 등으로 이어질 수 있습니다. 그래서 뇌가 모른 척하고 속아주는 것입니다.

좋은 일이 있었으면 금상첨화겠지만
그런 일이 없었더라도 그냥 그렇게 말해놓고
웃어버리는 것입니다.
복은 웃는 얼굴을 찾아서 옵니다.

'감사한 척하기'는 간단한 표정이나 말 한마디로도 충분합니다. 예를 들면 "오늘 하루 크게 나쁜 일 없었음에 감사합니다"라고 말하면서 활짝 웃고 잠자리에 드는 것입니다. 실제로 좋은 일이 있었으면 금상첨화겠지만 그런 일이 없었더라도 그냥 그렇게 말해놓고 웃어버리는 것입니다. 복은 웃는 얼굴을 찾아서 옵니다.

누차 강조하지만 좋은 일이 생겨서 감사하다고 웃는 것은 1차원적인 감사력입니다. 나쁜 일에도 "그만해서 다행"이라고 감사하거나, 내일 일어날 일에 대해 미리 선감사를 할 수 있어야 합니다. 이런 사람의 뇌는 왕성하게 세로토닌을 분비합니다. 이런 식으로 건강을 회복하면 당연히 좋은 일이 생길 확률도 높아집니다.

반면에 스트레스를 조절하지 못하면 세로토닌이 분비되지 않습니다. 좌절, 분노, 자기비하 같은 나쁜 감정을 해소하지 못하면 얼굴이 구겨지게 마련입니다. 울상이 된 얼굴은 몸에 나쁜 신호를 보내게 되고, 결국 몸은 이렇게 해석합니다.

'아, 내 주인은 별로 열심히 살 생각이 없구나. 그러면 나도 굳이 면역력을 만들기 위해 애쓸 필요가 없겠네.'

이런 식으로 서서히 건강을 잃게 되는 것입니다. 자신을 스스로 비하하면서 얼굴을 찌푸리면 결국 제 얼굴에 침 뱉는 꼴입니다. 이런 얼굴에는 절대 복이 찾아오지 않습니다.

아마도 "감사합니다"라고 말하거나 그런 인사를 받으면서 미간을 찌푸리는 사람은 보지 못했을 겁니다. 감사한 척만 해도 세로토닌이 분비되는데, 진짜로 말하거나 들으면 얼마나 더 좋은 일이 많이 생기겠습니까?

'감사'는 모두에게 행복한 단어입니다. 짧은 그 말 한마디 덕분에 행복해진 사람들은 더 많이 감사할 일을 하게 되거나 더 많이 감사하다고 말하게 될 것입니다. 자연스레 우울감이 줄어들면서 잠도 잘 자게 되고, 더불어 스트레스 상황에서도 빨리 탈출하니 면역력도 높아지고, 성인병에도 덜 걸리게 될 것입니다. 결국 무병장수하게 되겠죠.

심지어 '감사'라는 감정은 엔도르핀도 분비합니다. 말기 암 환우의 고통 완화를 위해 사용하는 모르핀보다 훨씬 더 강력한 항진통 기능이 있어서 뇌가 제조하는 마약이라 불릴 정도입니다. 이렇게 좋은 약이 심지어 무료이고 부작용도 없습니다. 이런 명약보다 더 좋은 것은 세상에 없으니, 꾸준히 장기 복용하길 바랍니다.

일상에서
키우는 감사력

감사한 것과 서운한 것을 대하는 법

"감사한 것도 많고 서운한 것도 많고,

생각이 복잡하네요."

그냥 귀찮다고만 할 것이 아니라 감사한 것과 서운한 것의 목록을 정리할 필요가 있습니다. 그래야 기억하고 보답하거나 극복하고 개선하면서 감사가 넘치는 일상을 만들어낼 수 있습니다.

내가 정리한 감사 목록 열 가지를 예로 들어보겠습니다. 다만 내 개인의 상황에 해당하는 것들이므로 각자 상황에 맞게 재작성해보길 바랍니다.

1. 가정환경에 감사

부모님, 배우자, 자녀, 친척들은 물론이고 시어머니나 올케에게도 감사하자. 가족은 그 존재만으로도 감사할 일이다. 부모님 없이 나라는 존재가 있을 수 없고, 가족이라는 울타리 없이 나의 평강도 있을 수 없다.

2. 조국을 주신 국가환경에 감사

5천 년 역사의 대한민국, 한민족 한겨레에 감사하자. 조국을 지키고 있는 군인들에게도 감사하고, 광복을 위해 애쓴 독립투사들, 한국전쟁 때 한국을 지켜준 참전국과 그 용사들에게 감사하자. 국가야말로 가장 큰 가족이다.

3. 경제와 사회환경에 감사

우리 민족이 달성한 경제성장과 사회발전에 감사하자. 성장과 발전을 리드하는 경제인들, 사회 지도자들에게도 감사하자. 정치적인 영역 역시 비록 더디더라도 많이 발전했고, 발전하고 있는 중이니 불평보다는 감사의 응원을 보내자.

4. 자연환경에 감사

아름다운 하늘, 사계절, 꽃과 나무와 숲과 잔디, 강과 바다 등 감사할 자연은 끝이 없다. 그런 자연을 보호하기 위해 나 대신 애써주고 있는 분들에게도 감사하자.

5. 생활환경에 감사

의식주에 감사하자. 의식주를 공급하느라 수고한 분들에게 도 감사하자. 편히 잠잘 수 있는 것에 감사하자. 안전을 지켜주는 경찰관, 119 소방대원, 나를 대신해서 쓰레기를 치워주는 환경미화원, 아파트 관리인들에게 감사하자. 24시간 나의 생활에 편리함을 제공해주고 있는 동네 편의점에도 감사하자.

6. 직업환경에 감사

고용주와 상사, 동료와 부하 직원에게 감사하자. 온종일 함께 일하는 그들도 결국 가족이다. 고객이야말로 내 월급의 원천이니 감사하자. 회사에 도움을 주는 협력 업체는 물론이고 수출입 업체에도 감사하자.

7. 편리한 문명의 이기에 감사

스마트폰, 인터넷, TV, 냉장고, 진공청소기, 자동차, 버스와

지하철, 약국과 병원에 감사하자. 발명가들과 개발자들에게 감사하자. 모든 것을 누리도록 해준 분들에게 감사하자.

8. 문화환경에 감사

시와 소설과 음악과 미술, 연극과 영화와 뮤지컬과 드라마, 오페라, 건축과 공예 등 삶의 질을 윤택하게 해주는 문화환경에 감사하자. 작가와 음악가, 예술가와 건축가에게 감사하자. 전통문화를 보존해온 분들에게도 감사하자.

9. 교회환경에 감사

목사님과 교회 리더들, 성도들에게 감사하자. 좋은 설교, 좋은 찬양, 좋은 간증에 감사하고 성경과 성경학자들, 믿음의 선진들, 영적 거장들, 신앙 서적의 저자들에게 감사하자. 우리에게 복음을 전해준 선교사들과 현재 해외에서 수고하는 선교사들에게도 감사하자.

10. 신체환경에 감사

신이 건강함을 주신 것에 감사하자. 모든 호흡, 모든 발걸음마다 은혜요 기적이니 감사하자. 환우라면 연약함을 체험케 하신 것에 감사하자. 주름살이나 기억력 감퇴 등 노화 현상까

지도 '겉사람은 낡아지나 우리의 속사람은 날로 새로워진다'
라는 마음으로 감사하자.

감사한 환경을 정리했다면 고통스러웠던 사건들의 목록과
서운한 사람들의 목록도 정리할 필요가 있습니다. 고통과 그
극복의 과정을 복기하면서 또 다른 고통이 생길 때마다 면역
치료제로 활용할 수 있기 때문입니다.

나는 서운한 사람들이 안겨준 서운한 일에도 감사함을 느
낍니다. 역설적이지만 고통과 상처를 주고 섭섭하게 한 사람
들이 나를 성장시킨 사람들이기 때문입니다. 그들을 통해 나
의 연약함을 철저히 깨닫는 계기가 되었고, 이를 통해 신앙생
활을 더 열심히 할 수 있었습니다. 그래서 감사합니다. 나를
힘들게 했던 경우와 서운한 사람들은 이렇습니다.

1. 가난하고 고통스러웠던 유년 시절

가정폭력으로 가족들을 고통스럽게 만들었던 아버지, 대학
시절 어머니 빚을 대신 갚으라고 나를 법정에 세웠던 채권자들.

2. 암울했던 학창 시절

내 뺨을 때렸던 중학교 선생님, 나를 따돌렸던 고등학교 동

창들, 대학 입시에 낙방한 후 느꼈던 재수생 시절의 답답함.

3. 의대생 시절

낙제로 말미암아 갖게 된 절망감과 무력감. 고통스러웠던 레지던트 및 군의관 시절과 음주 거부 때문에 전공의 시절 내게 모욕을 주었던 선배들.

4. 가정을 꾸리던 시절

결혼 초창기 아내와의 갈등. 경험 부족으로 말미암은 좌충우돌 자녀 양육.

5. 경영을 시작한 시절

금융 위기와 투자 회사와의 갈등 문제. 비즈니스 현장에서 만난 욕심에 눈먼 사람들, 다사다난했던 병원 확장의 고통, 나를 거짓 비방하거나 사실을 왜곡시켜서 고통을 준 경쟁자들.

6. 교육자로서의 삶을 시작하던 시절

학교와 연수원 설립에 따른 해결 과제와 갈등.

7. 의사로서의 삶을 시작하던 시절

고통당하는 환우들의 모습, 의학적 한계에 따른 어려움.

이러한 감사와 고통의 기록은 깔끔하게 종이에 적어서 시선이 자주 가는 곳에 붙여두면 큰 도움이 됩니다. 귀로 듣는 말은 추상적일 수 있지만, 눈에 보이는 글은 구체적이라 뇌리에 오래 남기 때문에 그렇습니다.

실제로 위독하신 나의 어머니가 잘 보실 수 있도록 열 가지 감사 제목을 패널로 만들어서 벽에 붙여놓았더니 기적적으로 쾌차하셨습니다. 열 가지 감사가 어떤 것이었는지는 다음 장에서 구체적으로 언급하겠습니다.

그리고 이러한 목록은 수시로 업데이트하는 것이 좋습니다. 극복한 것은 지우고, 잊지 말아야 할 것은 남기고, 새로운 목록은 추가하는 식입니다. 그래야 발전이 있습니다.

감사함에서 떠오르는 시상

나는 의사인 동시에 감사 운동 활동가이며 시인이기도 합니다. 지난 2011년부터 2018년까지 5권의 시집을 펴냈죠. 언뜻 보기에 의사, 운동가, 시인 사이에 아무런 연관성도 없는 듯하지만 실은 매우 밀접한 관련이 있습니다.

먼저 정리해서 요약하자면 시를 쓰려면 생각부터 해야 하고, 이는 곧 정신 수양의 효과가 있기 때문에 마음의 평온을 찾게 됩니다. 마음이 평안해지면 몸도 건강해집니다. 심신의 건강을 통해 감사함이 충만해지면 좋은 글, 즉 시로 발현하게 됩니다. 이를 되풀이하다 보면 성정이 차분해지면서 자연스럽게 화는 줄어들고 감사할 일은 더 많아질 것입니다. 이처럼 건강, 감사, 시는 같은 뿌리에서 자라나는 가지와 꽃인 것입니다. 하나씩 살펴볼까요?

시를 쓰려면 일단 생각부터 정리해야 합니다. 그것도 깊게, 자주 해야 합니다. 사물을 깊이 있게 오랫동안 바라보면서 나만의 해석을 해야 시를 쓸 수 있습니다. 그러므로 지식보다는 지혜가, 행동보다는 정적인 사고의 시간이 중요합니다. 예로부터 글을 잘 짓는 세 가지 비결이라 일컫는 '다문(多聞), 다독(多讀), 다상량(多商量)' 중에서 다상량이 제일 중요한 이유가 바로 여기에 있습니다.

그렇기에 앞으로 나아가기에만 급급한 사람에게는 시심(詩心)이 생기질 않습니다. 삶에 쉼표가 없으니 자신을 되돌아보면서 생각을 정리할 여유도 없기 때문이죠. 또한 언행이 폭력

적인 사람도 시를 쓸 수 없습니다. 아름다움을 발견하는 혜안이 없고, 정제된 표현을 할 수 있는 능력이 없기 때문입니다.

거꾸로 얘기하면 시를 쓰면 쓸수록 자연스럽게 조급함과 난폭함으로부터 멀어지게 됩니다. 그러니 억지로라도 시상(詩想)을 떠올려보는 시간을 가져보길 바랍니다. 예를 들면 출근길에 스마트폰이 아닌 세상을 살피라는 것입니다. 이름 모를 꽃을 보면서, 새의 지저귐을 들으면서, 바람을 느끼면서, 그렇게 하면 범사에 감사할 일이 얼마나 많은지 알게 될 것입니다.

회사 탕비실에서 커피를 내리는 그 짧은 시간에도 물 끓는 소리, 커피향을 통해 시상을 떠올릴 수 있습니다. 일터가 있다는 것도 감사, 맛있는 커피를 마실 수 있는 건강에도 감사, 상사의 잔소리도 나의 발전에 도움이 되니 감사, 같이 수다를 떨어줄 동료가 있음에 감사, 싸고 맛있는 점심 식사에 감사, 퇴근 후 치맥을 함께할 친구와의 약속에 감사, 곧 다가올 주말에 대한 기대에 감사. 이러한 행복한 감사는 아름다운 시상으로 이어질 수 있습니다.

여기서 끝이 아닙니다. 이렇게 정리된 생각들을 종이나 컴퓨터에 옮기면서 또 많은 생각을 하게 됩니다. 정확하게는 생각의 정리라고 할 수 있겠습니다. 나의 경우 매일 감사기도와 함께 감사일기를 적는데, 이 역시 시심을 만드는 아주 중요한 과정입니다.

시를 쓴다는 것은 그리 거창한 일이 아닙니다. 기쁠 때는 고마움과 즐거움을 쓰고, 슬플 때는 기쁨의 소중함을 알게 되어서 고맙다고 쓰면 감사의 시가 되는 것입니다. 이처럼 기쁨과 슬픔 모두를 감사하는 마음으로 받아들이면 모든 것이 시로 바뀝니다.

두려워할 필요가 없습니다. 일단 쓰기 시작하면 그렇게 어렵지 않습니다. 큰 문학상을 받거나 교과서에 실릴 명작을 쓰려는 것이 아니지 않습니까? 시를 쓰면서 얻게 되는 선물이 놀라울 정도로 값진 것들이기 때문에 꾸준히 지속할 힘이 생길 것입니다. 쓰지 않고는 못 배긴다는 표현처럼 말입니다.

나는 산책이나 등산처럼 걷거나 여행을 다닐 때 시상을 많이 떠올립니다. 특히 목적지만을 향해 돌진하는 주마간산식 걷기보다는 힘이 들어 잠시 쉬어갈 때 좋은 시어를 많이 길어 올릴 수 있었습니다.

오르막길에서는 힘이 들어 아름다움을 누리지 못하고, 내리막길에서는 시간에 쫓긴다는 이유로 아름다움을 외면하면서 사는 것이 현실입니다. 그래서 쉼이 중요한 것입니다. 실제로 내리막길보다 힘든 오르막길에서 시상이 더 잘 떠오릅니다. 그것은 바로 육체적 고통이 정신적 자극을 주기 때문입

니다. 정신적 자극을 준다는 것은 스트레스로 가득한 몸과 머리에 정신적 풍요로움을 주고 그 반응을 누리라는 것입니다. 언제나 감사의 삶은 쉼과 누림을 전제로 합니다.

삶이 침체에 빠지면 자아에 갇혀 감사를 잊어버리기 쉽습니다. 이때 네 가지 자극이 있어야 역동적인 삶을 회복할 수 있습니다. 독서를 통한 지적 자극, 감동을 통한 정서적 자극, 만남을 통한 사회적 자극, 여행을 통한 문화적 자극이야말로 정신건강에 필요한 비타민이라 할 수 있습니다. 외부 자극을 통해 자아에서 벗어나 경이로움에 눈을 뜨고, 타자성 (Otherness)을 경험하면 감사의 신세계를 발견하게 될 것입니다. 시 세계가 열린다고나 할까요?

〈감사행복 마을〉

감사로 시작하는 아침

밤새 쌓인 축복이 흰 눈처럼
쏟아지는 하루를 맞는다
밤새 지어진 꿈이 햇살처럼
비추는 신세계가 다가온다

감사로 마무리되는 밤

하루의 선물보따리를 풀어보니
큰 것, 작은 것, 하얀 것, 검은 것
둥근 것, 세모난 것, 울퉁불퉁한 것
아하 모두가 감사의 도구였구나

은총의 렌즈로 세상을 보니
모든 환경이 감사로 바뀌네
사랑의 렌즈로 사람을 보니
모든 이가 은인으로 바뀌네

감사는 기쁨을 낳고
기쁨은 행복을 낳고
행복은 또 감사를 낳는다
감사가 눈덩이처럼 불어나니
세상이 하늘빛으로 가득 차네

과거의 상처가 진주 감사로
현재의 짜증이 축제 감사로

내 삶을 변화시키는
감사의 기적

미래의 문제가 씨앗 감사로

감사감사 또 감사
감사행복 마을이로다

　진정한 글은 치열한 감사의 현장에서 터져 나옵니다. 〈감사
행복 마을〉은 2015년 10월, 금산에 있는 이룸 연수원 '감사행
복 마을'의 오픈 당시에 쓴 시입니다. 벅찬 마음으로 아침에
눈을 뜬 다음 생각나는 단상들을 정리한 것이죠. 돌이켜보면
시를 지었다기보다는 그저 내게로 오는 영감을 받아쓴 느낌
입니다.

　감사의 렌즈로 인생을 보면 모든 사람이 고마운 사람이고,
모든 것이 아름다움의 대상이 됩니다. 그 모든 대상과 사유에
감사할 뿐입니다. 신이 아름다움을 발견할 수 있는 혜안을 주
신 것도, 부모님이 감수성을 물려주신 것도, 등산할 수 있는
건강함이 있는 것도, 주변에 사랑의 감정을 공유하고 있는 좋
은 사람이 많은 것도, 세종대왕이 아름다운 한글을 창제하신
것도, 시집을 출간해주는 출판사가 있는 것도, 시를 읽어주는
독자가 있다는 것도 모두 다 감사한 일입니다.

　개인적으로 신의 선물 중에서 가장 소중하게 생각하는 것이

계절입니다. 시상을 떠올리는 데 계절처럼 좋은 것이 없기 때문입니다. 봄에는 만물이 소생하는 것을 보면서 생명의 글을 쓰고, 가을에는 낭만을 노래하고, 여름과 겨울에는 더위와 추위가 주는 의미를 되새기면서 감사의 글을 씁니다. 겨울 없는 봄이 없고, 여름 없는 가을이 없죠. 만물에는 다 존재 이유와 뜻이 있는 것입니다. 게다가 우리나라는 그런 사계절을 누릴 수 있는 곳이니, 이 땅에 태어난 것도 참으로 감사할 일입니다.

　해가 뜨고 달이 지는 것처럼 당연시하는 계절의 변화에 이렇게 많은 감사가 있다는 것이 놀랍지 않습니까? 인생은 순간순간 그 자체가 기적이고 모든 것이 고마운 선물입니다.

　〈안해〉

　　하늘 주신 생의 반려자
　　평생 비전의 동역자
　　백만 송이 장미를 꽃피우는 섬김의 대가
　　자녀들의 친구이자 애인
　　최상의 요리사
　　작은 선물에 감격해하는 여인
　　톡톡 아이디어의 샘

내 삶을 변화시키는
감사의 기적

인생 탐험가이자 지식 탐구자

정리 정돈의 전문가

끝없이 영성의 삶을 배우는 성경학도

집안의 해처럼 밝은

안해 배미경

바로 당신입니다

한번은 탄천길을 산책하다가 생일을 맞은 아내를 떠올리면서 시 한 수를 지었습니다. 마음속 하트가 시심이 되었던 것이죠. 아내라는 단어에서 발음을 음차해 집 '안'에 뜬 '해'라고 이름 붙인 것은 아내가 하늘에 뜬 해처럼 소중하고 감사하다는 뜻에서였습니다. 이런 마음을 예쁜 엽서에 담아 보냈더니 아내가 너무 기뻐하면서 연신 고맙다는 표현을 했습니다.

아름다운 시를 쓴 시인들은 그 내용을 지키기 위해 당연히 자연스레 아름다운 삶을 살게 됩니다. 아름다운 시를 읽은 독자들도 당연히 자연스레 아름다운 삶을 추구하게 됩니다. 그러면서 누군가에게 그 아름다움을 습관처럼 전파하게 될 것입니다. 나와 너로부터 시작한 감사의 마음이 해피 바이러스처럼 널리 퍼져나가는 것이죠.

다시 강조하지만, 습관을 바꾼 개인들이 모이면 사회가 바

꼽니다. 나에게만 좋은 일이 생기길 바라는 이기심보다는 우리 모두에게 좋은 일이 생기길 바라고, 감사를 나누는 사람이 많아졌으면 좋겠습니다. 이것이 바로 감사 운동의 목적입니다.

'하루 5감사' 조기교육

"우리 곁에 와줘서 고맙다."

이 세상에 태어났을 때 부모님들이 처음으로 해주시는 인사말입니다. 그때부터 이미 감사교육이 시작된 것이죠. 밥만 잘 먹고, 아프지만 않아도 "무탈하게 자라줘서 고마워"라는 말도 해주십니다.

유아기 때는 이런 생각을 하게 됩니다.

'아, 내가 이런 행동을 하면 부모님이 웃으면서 감사하다고 하시는구나. 그렇다면 더 자주 해볼까?'

조금 더 성장하면 명절 때마다 친척들에게 용돈을 받게 됩니다. 그러면 부모님이 옆에서 이런 말씀을 하시죠.

"감사하다고 인사드려야지."

이것이 감사 조기교육입니다.

내 삶을 변화시키는
감사의 기적

아이가 어려서 동행해야 하는 시기가
산교육을 펼치기에 제일 좋을 때입니다.
감사 조기교육입니다.

아이가 어려서 동행해야 하는 시기가 산교육을 펼치기에 제일 좋을 때입니다. 부모님이 경비 아저씨, 마트 계산대의 점원, 버스 기사, 선생님 등 만나는 사람마다 인사를 건네면 아이는 은연중에 따라 하게 됩니다. 왜냐하면 그런 대화를 주고받는 사람들의 표정이 온화해서 보기에 좋기 때문입니다.

아이와 수시로 감사 인사를 주고받는 것도 정서발달에 도움 됩니다. 밥상머리의 교육은 물론이고, 아침저녁 문안 인사도 포함됩니다. 어린이집에서도 기본적으로 이런 교육을 하긴 합니다. 하지만 엄마 아빠가 해주는 것은 다릅니다. 다만 하기 싫어하는 아이에게 "그러면 안 돼! 감사하다는 말을 안 한다니, 너는 못된 아이구나"라고 윽박지르는 것은 좋지 않습니다. 아이에게도 다 생각이 있으니 물어보는 것이 좋습니다.

일기를 쓸 수 있는 나이가 되면 자연스럽게 감사일기를 써보도록 권해보길 바랍니다. 보통의 아이들은 일기 쓰는 것을 아주 싫어하죠. 왜냐면 뭘 쓸지 모르기 때문입니다. 그럴 때는 오늘의 감사 포인트를 하나씩 짚어주면서 써보라고 권해보길 바랍니다. "아주 사소한 일이더라도 모두 감사거리인 거야"라고 알려주면서 예컨대 '엄마, 오늘 김치볶음밥이 맛있었어요. 감사합니다'라고 쓸 수 있도록 유도하는 겁니다.

감사일기를 쓰는 습관을 만들어주는 것, 아마도 부모가 해

내 삶을 변화시키는
감사의 기적

줄 수 있는 최상의 교육이 아닐까 합니다. 그러기 위해선 부모부터 감사력을 키워야 함은 물론입니다.

'하루 5감사'를 통해 운명을 바꾼 대표적 인물이 오프라 윈프리입니다. 완전히 망가진 인생을 회복시킨 원동력은 매일 반복하는 감사 실천이었다고 합니다. 항상 작은 노트를 가지고 다니면서 감사일기를 적었는데, 원칙은 이러했습니다.

1. 마음에 꼭 드는 예쁜 노트를 가지고 다니면서 감사한 일이 생기면 언제든지 기록한다.
2. 아침이나 저녁, 언제든 하루를 돌아보며 감사 제목을 찾아 기록하는 시간을 가지되 일상의 소박한 감사 제목을 놓치지 않는다.
3. 사람을 만날 때 그 사람으로부터 받은 느낌, 만남이 가져다준 기쁨 등을 기록한다.
4. 내가 속한 공동체에서 '감사 모임'을 만들어 함께 적고, 함께 감사거리를 나눈다.
5. 버스에 타거나 카페, 정원에 있을 때 편안한 장소를 택해 감사한 일을 적고, 그동안의 기록들을 훑어보면서 감사 제목이 어떻게 변하고 있는지를 살핀다.

별로 특별한 것이 없어 보이지만 사소한 실천이 쌓이고 쌓여서 지구촌에서 가장 성공한 토크쇼의 여왕을 만들어준 것입니다. 어린 학생의 예도 있습니다.

미국 보스턴에 나의 회사 이롬 법인의 총판이 있습니다. 어느 날 미아 남(Mia Nam) 총판장의 딸이 '전미 고등학교 토론 대회'에서 챔피언이 되었다는 반가운 소식이 들려왔습니다. 그것이 얼마나 대단한 일이냐면 챔피언이 되니 모든 아이비리그 대학들에서 앞다퉈 전액 장학금을 주겠다고 제안할 정도였습니다. 최고 인재로서 대접을 받는 것이죠.

축하한다며 우승의 비결을 물었더니 "열심히 공부해라"가 아니라 '하루 5감사'를 꾸준히 실천한 덕분이라고 했습니다. 어렸을 때부터 잠자리에 들기 전 '하루 5감사'를 나누는 훈련을 했던 게 주효했다는 것이죠. 다섯 가지를 채우지 못하면 잠을 재우지 않을 정도로 엄하게 훈육했다고 합니다. 도대체 5감사의 무엇이 아이를 달라지게 했을까요?

아침에 눈을 뜬 아이는 '밤에 엄마가 감사 제목을 물어보겠지'라는 생각을 하게 됩니다. 이 때문에 일상생활을 하는 와중에 쉬지 않고 감사거리를 찾습니다. 아이의 레이더가 자연스럽게 감사 모드로 바뀌는 것이죠. 저녁이 되면 아침부터 찾은 감사거리를 한 문장으로 정리합니다. 자연스럽게 관찰력,

어휘력, 논리력, 통찰력, 창의력, 분석력, 포용력 등이 상승합니다. 그것이 반영된 감사 내용을 본 부모님이 칭찬합니다. 아이의 자존감이 상승합니다. 자존감이 상승한 아이는 내일 더 많은 감사함을 만나게 될 것입니다. 긍정적인 자아상이 형성되는 것이죠. 당연히 교우관계도 좋아지죠.

굉장히 멋진 선순환이죠? 감사 조기교육의 핵심은 자녀에게 감사를 경험하게 하는 것입니다. 부모 먼저 모범을 보여 감사를 실천하고, 자녀에게 감사로 감사를 가르쳐야 합니다. 만일 가장으로서 인생의 어려움을 겪고 있다면 자녀에게 솔직하게 오픈하는 것도 중요합니다. 가족이 함께 어려움을 경험하면서 감사를 배워나가면 효과는 배가 됩니다. 감사는 나누면 나눌수록 커지는 것이니까요.

감사의 삶을 살다 보면 삶의 태도가 바뀌면서 모든 것이 긍정적으로 바뀝니다. 모든 일에, 모든 환경에 감사하게 됩니다. 사람을 대할 때도 감사의 마음을 갖는 착한 아이가 되죠. 이런 교육이야말로 전인교육이 절실한 이 시대에 꼭 필요한 조기교육일 것입니다. 영어 단어 하나 더 외우는 일보다 훨씬 값진 것입니다.

나는 우리 직원들이나 다른 회사 직원들을 교육할 때 "감사하면 10년 안에 CEO가 됩니다"라고 공언하곤 합니다. '직장에서 윗사람, 아랫사람, 동료들에게 감사하는 태도로 매일매일 감사함을 표현하며 일하는데 어떻게 승진이 안될 수 있겠는가?'라는 논리를 덧붙이죠. 처음에는 농담처럼 받아들였다가 다음의 말을 듣고는 진지해집니다.

"식당을 운영하는 사장님을 예로 들까요? 사장님이 모든 손님을 감사하는 마음으로 대하고, 언제나 변함없이 웃는 얼굴로 감사의 표시를 한다면 그 식당이 장사가 잘되겠습니까? 안되겠습니까?"

슈바이처 박사는 어린 시절 아버지의 강요로 감사의 마음을 표현하는 습관, 글 쓰는 습관을 갖게 되었습니다. "편지를 쓰지 않고는 하루도 배겨낼 수가 없었다"고 했습니다. 특히 크리스마스가 지나고 나면 "너희들은 크리스마스 선물을 받았다. 늦지 않도록 감사하다는 답장을 써야 한다"며 감사편지를 쓰도록 훈련받았다고 합니다. 어린 시절 좋은 습관을 가진 것이 미래를 바꾸는 씨앗이 되었다고 볼 수 있습니다.

조기교육이 좋지 않은 어감으로 쓰이는 요즘이지만, 감사 조기교육은 빠르면 빠를수록 좋습니다.

내 삶을 변화시키는
감사의 기적

감사력이 절실하게 필요한 대한민국

일찍이 세종대왕은 행복과 평화와 풍요를 통해 정신문화가 꽃피는 국가를 만들고자 했습니다. 그 덕분에 이렇게 예쁜 한글로 자유롭게 글을 쓰고 있습니다. 백범 김구 선생은 '높은 문화의 힘을 가진 세계에서 가장 아름다운 나라, 평화가 우리로부터 온 세계로 실현되는 나라, 모든 국민이 온 세계로부터 신뢰를 받는 성인이 되는 나라'를 꿈꾸었습니다. 그런데 지금은 어떤가요? 우리 스스로 자학의 늪에 빠져 허우적거리고 있는 것은 아닌가요?

지금 대한민국의 현실은 부정적 분위기가 팽배합니다. 너무 오랫동안 부정에서 부정으로 이어지는 악순환에서 벗어나지 못하고 있습니다. 지금 국민은 보수도 진보도 아닌 도덕적으로 깨끗한 나라를 열망합니다. 깨끗한 정치, 고결한 성품을 가진 리더십을 갈망합니다. 이제 도덕성의 뒷받침이 없는 이념 논쟁은 사라져야 합니다. 국민 사이의 공감대는 '부유한 나라보다는 깨끗하고 행복한 나라', '좀 못 살아도 아름다운 나라'였으면 좋겠다는 것입니다.

정치적으로 늘 혼란스럽지만 따져보면 감사할 거리가 너무 많습니다. KPOP을 필두로 한 음악, 영화, 스포츠는 물론이고 코로나19에 대처하는 의료체계, 조선업, 반도체 등 세계 1위를 차지하고 있는 것이 너무나 많은데도 감사할 줄 모릅니다.

나는 전후 세대로서 근대화, 산업화, 민주화, 선진화의 모든 과정을 지켜본 사람입니다. 서독 특수·월남전 특수·중동 특수·중국 특수 등 경제가 꿈틀거리는 것도 봤고, 88 서울올림픽과 2002 한일월드컵을 보면서 대한민국이 얼마나 자랑스러운지도 경험했습니다.

그러나 대부분의 세속적 미디어는 한국을 깎아내리기에 바쁩니다. 자랑스러운 것은 보지 않고 비하할 거리만 찾습니다. 경기가 좋아져도 좋다는 얘기를 잘하지 않습니다. 말 그대로 '감사의 부재'인 것입니다. 오히려 외국인들이 "너희 나라는 좋은 게 너무 많은데 부정적이다"라는 말을 해줍니다.

비하 바이러스는 감사할 줄 모르는 사람들을 숙주로 삼아서 확산합니다. 대한민국을 새롭게 할 '감사 행복 바이러스'가 절실하게 필요한 때입니다. 고상하고 매력적인 국가 비전이 절실한 때입니다.

대한민국이 회복되려면 전방위적으로 감사 운동이 일어나야 합니다. 비관적인 것보다는 수용하는 감사와 긍정문화로 변해야 우리 사회가 밝아질 것입니다. 여당이 야당에게 감사하고 야당이 여당에게 감사하면서 국민을 위하는 나라, 대통

령이 국민에게 감사하고 국민이 대통령에게 감사하는 수준 높은 나라, 국민을 위해 봉사하는 공무원과 경찰과 군인들이 인정받고 존경받는 나라, 고용주가 종업원들에게 감사하고 종업원들이 고용주에게 감사하면서 노사가 상생하는 나라, 선생님들이 학생들에게 감사하고 학생들이 선생님들에게 감사하는 예의 바른 나라, 자녀가 부모에게 감사하는 효성이 지극한 나라, 부부가 서로 감사하면서 사랑하는 나라.

모두 개개인들의 감사력이 선행되어야 빠르고 확실하게 자리 잡을 것들입니다. 개인부터 변해야 합니다. 내가 변하면 사회가, 국가가 바뀝니다. 함께 정신 대국을, 문화 대국을 만들어가야 합니다. 경제적으로는 약간 기대에 못 미쳐도 감사의 나라로, 행복의 나라 대한민국을 꿈꿔봅니다.

나는 꿈만 꾸지 않고 움직였습니다. 2015년 4월에 처음 시작한 '감사행복축제'라는 세미나가 바로 그것입니다. 1박 2일 동안 감사행복 마을(이롬금산연수원)에 모여서 감사에 대해 배우고 실천하는 축제입니다.

최근에는 코로나19 때문에 오프라인 모임을 열지 못했지만, 지난 2015년부터 다섯 차례 행사를 치렀습니다. 지금까지 약 750명이 참가해 함께 감사력을 키웠죠. 참가자들은 '하루 5감사 운동'을 실천하면서 놀라운 변화를 체험했다고 고백합니다. 감사의 삶을 실천해 개인의 변화, 가정과 직장의 변화를 경험했다는 것이죠. 이럴 때 나는 큰 보람을 느낍니다.

몇 가지 예를 들어보겠습니다. 특별한 것 없는 내용들이지만, 직접 행하지 않으면 절대 알 수가 없는 기적 같은 일들입니다.

"예전 같으면 불평했을 일인데 오히려 감사하게 되니 스트레스가 줄어들면서 건강을 되찾았습니다. 감사가 주는 활력이었습니다."

"매일 저녁 아내와 감사 나눔을 시작하면서 대화의 시간이 풍성해졌습니다. 서로 배려하는 마음을 갖게 되었습니다. 요즘 감사로 시작해서 감사로 마무리하는 하루가 너무 행복합니다."

"35년 만에 남편에게 감사편지를 보내면서 서로 너무 감격했습니다. 그동안 표현하지 못한 감사의 말과 편지를 전했을 때 감사가 눈덩이처럼 불어났습니다."

"제가 보낸 감사편지로 아내의 30년 상처가 치유되었습니다. 서로 부둥켜안고 통곡했습니다."

"미워했던 남편의 내면에 어릴 때 받은 상처가 보여서 사랑하는 마음이 커졌습니다. 처음으로 감사편지를 썼는데 너무 좋아하니 덩달아 제 기분도 좋아졌습니다."

내 삶을 변화시키는
감사의 기적

"직장 동료들이 감사로 하나가 되었습니다. 자녀와의 관계에서 친밀감이 회복되었습니다."

"하루 5감사는 임신 우울증과 태교에 도움이 되는 것 같습니다."

"단지 감사 표현만 했을 뿐인데 시어머니와의 관계가 놀랍도록 회복되었습니다. 말도 섞지 않던 사춘기 딸 아이와도 친해지면서 갱년기 증상도 완화되었어요."

"감사행복축제에 참석하고 집으로 돌아갔는데 남편이 습관처럼 화를 내더군요. 그래서 '나는 당신이 화를 안 냈으면 좋겠어. 하지만 그래도 당신이 존재하는 것만으로도 고맙게 느껴져요'라고 했습니다. 박사님께 배운 대로 한 것이죠. 그랬더니 그 이후 남편이 화내는 일이 현저하게 줄어들었어요. 심지어 일찍 들어와서 설거지까지 해줍니다."

수많은 간증이 있었는데, 몇 가지 공통적인 표현이 있습니다. '~가 달라졌습니다', '~를 미처 몰랐는데 비로소 알게 되었습니다', '행복해졌습니다', '내일이 기대됩니다' 등의 표현이 많다는 점입니다. 감사는 이렇게 몰랐던 것들, 그 범사의 소중함을 알게 하는 힘이 있습니다. 어두웠던 과거를 매듭짓고 치유하여 미래로 나아가게 하는 티켓입니다. 짜증과 분노와 집착하는 현재의 삶을 변화시켜 더 나은 미래를 맞이하게 만드는 마중물이기도 합니다. 감사가 선물하는 놀라운 마법의 힘을 느껴보길 바랍니다.

꿈이 준 선물, 이롬 생식과 꿈의학교

나는 대학 시절에 하나님을 만난 뒤 '꿈쟁이'가 되었습니다. 꿈을 많이 꾸자 창의성이 좋아지고, 좋은 아이디어가 많아졌습니다. 신문을 보고 책을 보면 즉시 통합된 생각을 하게 되었고, 그 생각은 꿈에 그치지 않고 구체화되었습니다. 언제나 강렬한 자극은 꿈을 꾸게 만들었습니다.

의대 교수를 하고 있던 시절인 1992년 여름, 우연히 독일에 희한한 항암제가 있다는 소식을 들었습니다. 그것은 '미슬토(Mistletoe)요법'이라는 면역 치료요법이었습니다. 미슬토라는 겨우살이 식물에서 추출한 항암 주사제를 사용하는데, 부작용이 전혀 없다는 놀라운 소식이었죠.

우여곡절 끝에 독일을 방문하게 되었고, 그 이후 몇 차례 스위스와 독일을 다니며 병원 연수와 연구를 병행했습니다. 암의 완치와 암 환우의 삶의 질을 높이는 것이 인생 목표가 되었고, 가슴 설레는 하루하루를 보냈습니다. 그리고 이 요법

내 삶을 변화시키는
감사의 기적

을 한국에 최초로 도입한 것이 대체의학의 선두주자로 인정받는 계기가 되었습니다.

그 이후 대체의학과 현대의학을 통합하여 암 치료율을 극대화하고, 세계 최고의 암 치료율을 자랑하는 병원에 대한 꿈을 꾸면서 1994년 서초동에 '사랑의 클리닉'을 개원했습니다. 이후 암 환우의 식이요법에 관심을 가지기 시작하면서 '뭘 먹으면 암에 안 걸릴까?' 하는 절박한 질문에 봉착했습니다.

1997년 봄, 우연한 기회에 생식에 대한 아이디어를 처음 접하고 "바로 이거다!" 하며 무릎을 쳤습니다. 나쁜 식습관 때문에 병에 걸린다면 좋은 음식으로 고치지 못할 병은 없다는 생각으로 본격적인 개발에 착수했습니다.

꿈은 타이밍이 중요합니다. 꿈을 이루고자 한다면 순간 포착 능력이 중요합니다. '우연히'를 '우연히'로 넘겨버리는 사람에게는 영원히 기적 같은 일이 일어나지 않습니다. 우연을 인연과 필연으로 인식하는 생각의 전환이 있어야 합니다. 그냥 한 귀로 흘려듣고 말았을 이야기에 의미를 부여하고 꿈의 재료로 삼았더니 생식 대중화의 기회가 찾아왔습니다.

'꿈을 통한 감사교육'도 처음 들었을 때 섬광처럼 번득이는 예지가 있었습니다. 이 학습이 보편화되면 대한민국의 무너진 교육이 회복될 수 있을 거라 확신하면서 '꿈의학교'를 설립했습니다.

충남 서산에 위치한 꿈의학교는 2002년 국제사랑의봉사단 소속으로 설립된 중·고등 대안학교입니다. 하나님의 품성을 닮아 모든 사람을 품고 사랑할 수 있는 '인격', 하나님의 꿈을 이루어가는 '비전', 조국과 인류의 미래를 책임질 수 있는 '실력'을 겸비한 학생을 키우겠다는 것이 설립 목적입니다. 궁극적으로는 세상을 치유하고 변화시키는 전인격적인 하나님의 사람, 크리스천 리더를 키우는 것이 목표입니다.

꿈의학교에서도 지난 6년간 교내에서 감사 공모전을 12차례 진행하면서 학생들과 교직원들 사이에 감사의 바람이 불었습니다. 학생들은 선생님에게 "훌륭한 역할 모델이자 스승이 되어주셔서 감사합니다" 하는 인사를 건네 옵니다. 또 대외적으로는 2018년 '아름다운 동행 감사 공모전'에 응모하여 학생들과 교사들이 수상했고, 2019년에는 〈국민일보〉에 꿈의학교 감사 운동이 소개되기도 했습니다.

이 꿈의학교에서 펼쳐지는 감사 졸업식은 정말로 장관입니다. 학부모들과 학생들이 서로 백 가지 감사 제목을 주고받는 모습은 말로 표현하기 힘든 감동입니다. 아마도 '감미사'교육의 힘이 아닌가 싶습니다. '감미사'란 '감사합니다', '미안합니다', '사랑합니다'의 앞 글자를 따서 만든 말로, 현장교육에 적

극적으로 활용하고 있습니다. 친구와 선생님에게 감사, 미안, 사랑의 말을 편지로 전하는 것이죠.

숨 쉴 수 있고 걸을 수 있는 것처럼 작은 것에도 감사하게 되었다는 학생, 평소 작은 일에도 감사하는 마음을 갖기 시작하자 기도가 바뀌었다는 학생, 감사할 수 있음에 감사하고 작은 것부터 감사하니 부정적인 생각에서 긍정적인 생각으로 바뀌었다는 학생, 감사 운동을 통해 지금까지 당연하다고 생각했던 것들이 나의 권리가 아닌 은혜였다는 것을 알게 되어 작은 일에도 즐거워하게 되었다는 학생 등이 기억에 남습니다.

나는 오늘도 꿈의학교가 세계 곳곳에 세워지는 꿈을 꿉니다. 곳곳에서 전 세계 아이들이 마음껏 자라나는 모습을 보고 싶습니다. 그 꿈이 꼭 이루어질 것을 믿습니다.

마법의 감사일기로 내일 다시 태어나기

'나는 지금 매일 감사일기를 쓰고 있다. 하루를 힘겹게 산 날에도, 실패한 것 같은 날에도 감사를 한번 돌아보기로 했다. 그러다 보니 전에는 무심하게 생각되었던 것들이 놀라운 감사거리가 되어간다. 평범한 일상에서 감사하는 것은 흔한 돌무더기에서 광채 나는 보석을 발견하는 것과 같다. 감사의 퍼즐을 하나씩 맞춰나갈 때 언젠가 웅장하고 아름다운 그림이 완성될 거라는 희망에 찬 기대를 해본다.'

감사행복축제 참가자가 남긴 말입니다. 감사일기란 5감사 제목과 그 내용을 적는 간단한 일이지만 참가자의 말처럼 놀라운 기적을 선물해줍니다. 실천법은 의외로 간단합니다.

우선 오프라 윈프리의 말처럼 마음에 드는 노트를 삽니다. 아무래도 마음에 드는 노트여야 자주 열어보겠죠? 그리고 매일매일 일상생활 속에서 느꼈던 다섯 가지 감사를 일기처럼 적는 겁니다. 엄청나게 대단한 것을 적어야겠다는 강박관념은 버리는 것이 좋습니다.

'오늘 무사고 운전에 감사합니다.'

'오늘 꼭 먹고 싶었던 음식을 맛있게 해주신 엄마가 계셔서 감사합니다.'

이처럼 소소한 일상에 대한 감사여도 상관없습니다. 그건 어디까지나 내 일기장이니까요. 다만 제목 밑에 '왜', '무엇이', '그래서 어떻게'처럼 감사의 상황을 구체적으로 쓰는 것이 좋습니다. 목표는 크지 않더라도 내용은 언제나 구체적이어야 합니다. 그래야 실천하기 좋고, 당연히 성공하기도 좋기 때문

입니다. 오늘의 감사 역시 구체적으로 적어야 훗날 복기하기에 좋습니다.

일단 하루에 다섯 가지 정도로 출발해서 점차 제목을 늘려 나가는 것이 좋습니다. 처음이라 어렵다면 우선은 한 가지부터 시작해도 됩니다. 지레 겁을 먹는 것보다는 시작하는 것이 중요하니까요.

또한 매일매일 작성하는 것이 좋지만, 혹여 하루를 빼먹었더라도 포기하지 않고 다시 시작하는 것이 좋습니다. 금연하는 방법과 비슷하죠? 간헐적이라 하더라도 감사일기를 쓰는 사람과 아예 쓰지 않는 사람의 차이는 크기 때문에 중도에 포기하면 안 됩니다.

작심삼일이라는 말처럼 3일을 실천하면 감사의 겉핥기 수준이지만 안 한 것보다는 낫습니다. 3일이 쌓여 3주가 되면 감사가 몸에 뿌리를 내려 습관으로 정착됩니다. 나아가 3개월 동안 실천하면 몸과 마음에 감사 항체가 생겨 범사에 감사하는 감사력 능력자가 됩니다.

주의할 것은 처음 3개월은 반드시 노트에 손글씨로 적어야한다는 것입니다. 일단 손으로 적으면 뇌에 자극을 주면서 각인이 됩니다. 뇌를 자주 사용하여 혈액량이 많아지면 뇌졸중과 치매를 예방해주는 효과도 있습니다.

이렇게 꾸준히 쓰다 보면 서서히 생각이 전환되면서 뇌에 감사 회로가 생기는데 그 회로 안에 사고력 증진, 자신감과 자존감 회복, 행복감 상승 등의 데이터가 차곡차곡 쌓이게 됩니다. 이 회로는 사용할수록 용량이 커지고 빨라지는 최첨단 AI 인공지능 회로인데, 앞서 설명한 감사력 4단계의 경지에 오르고자 한다면 꼭 장착해야 할 프로그램입니다. 이렇게 어느 정도 경지에 오르고 나면 스마트폰 메모장에 적어도 됩니다.

기록의 힘은 실험을 통해서도 입증되었습니다. 미국 예일대학교는 1953년, 졸업 예정자들을 대상으로 목표 설정에 대해 질문했습니다. 응답자의 87%는 목표 설정을 아예 하지 않았다고 답했고, 10%는 대략이나마 목표를 세우려는 노력을 했다고 응답했습니다. 그리고 3%는 구체적인 계획과 목표를 직접 종이에 적어가며 생각했다고 답했습니다.

그로부터 20년 후, 졸업생들의 재정 상태를 조사한 결과 3%의 학생들이 나머지 97%의 학생들 모두를 합한 것보다 훨씬 더 앞섰습니다.

1979년, 하버드대학교도 비슷한 실험을 했습니다. 특별한 목표가 없다는 A그룹은 84%, 목표는 있지만 그것을 종이에 적지 않았다는 B그룹은 13%, 목표를 구체적으로 설정하고

기록해둔 C그룹은 3%였는데, 10년 후 다시 조사해보니 B그룹의 소득이 A그룹보다 2배 이상 높았고, C그룹은 B그룹에 비해 10배 이상 높았습니다.

이처럼 꿈은 글로 적어두는 것이 중요합니다. 감사도 마찬가지입니다. 생각에만 그치면 안 됩니다. 오늘 하루가 가기 전에 사소한 일이지만 그래도 감사했다는 '생각'을 하고, 그 기록을 남기면서 성찰하고, 다시 내일부터 감사의 마음을 주변에 '표현'하면서 직접 '행동'하길 바랍니다. 그런 실천이 더 나은 미래를 선물해주면서 더 큰 감사를 하게 만들어줄 것입니다. 오늘을 기록하고 기억해야 더 나은 내일을 만날 수 있습니다. 이것이 마법의 일기를 통해 내일 다시 태어나는 방법입니다.

감사거리를 기록할 때 자투리 시간을 활용하면 좋습니다. 많은 사람이 엘리베이터 앞에서 기다리는 시간에, 대중교통을 타고 이동하는 시간에, 화장실을 이용하는 시간에 스마트폰을 들여다봅니다. 아까운 시간이죠. 남의 SNS를 볼 시간에 내 인생을 들여다보는 삶을 살아야 합니다. 잠깐의 시간적 여유가 생기면 생각의 주머니에서 감사거리 하나를 꺼내 스마트폰에 적어둔 다음, 잠들기 전에 손글씨로 정리하는 것도 요령입니다. 사무실이라면 포스트잇을 활용하는 것도 좋습니다.

일상의 감사 기록이 생활화되면 감사 카톡방 개설이 그다음 단계입니다. 감사는 나눌수록 커진다고 했습니다. 서로 감사거리를 주고받아야 감사가 풍부해집니다. 함께 고민하고 나누면 서로 자극이 됩니다.

가족이나 지인들과 감사 카톡방을 만들어보길 권합니다. 지인의 경우 감사를 통해 자기 변화를 꾀하겠다는 열망을 가진 사람들하고만 함께하는 것이 좋습니다. 경험상 6~7명 정도가 가장 적당하고, 12명을 넘어서면 곤란합니다. 인원이 적어서 나 하나 빠지면 문제가 되는 소그룹 공동체일수록 더 열심히 참여하게 됩니다.

카톡방의 규칙은 반드시 모두가 감사 제목을 올려야 한다는 것입니다. 누구는 올리고 누구는 구경만 하면 유지가 안 됩니다. 나만 올리면 정신적 성숙의 과시로 악용될 수 있습니다. 그래서 반드시 서로 주고받아야 서로를 판단하지 않게 됩니다.

'항상 감사를 생각하고, 그것을 정리하여 손으로 쓰고, 다시 읽으면서 생각하고, 적극적으로 실천하라!'

마음의 정돈은 외적인 정돈과 정비례합니다. 옷차림, 책상, 스케줄 등이 잘 정돈된 사람이 정서적으로도 안정적입니다. 삶이 정돈되면 일의 능률은 자연스럽게 오릅니다. 불필요한

시간이 줄어들면서 일을 밀도 있게 할 수 있는 것이지요. 반대급부로 취미나 건강에 투자할 시간이 늘어납니다.

반대로 무질서는 무슨 일을 하든지 부담스럽게 하고 일에 몰두하기를 방해합니다. 무질서 자체가 스트레스가 되면서 건강이 나빠지는 것은 물론이고 일할 시간이 부족해집니다. 주변에 "너무 바빠서"라는 말로 자신의 무질서를 설명하는 사람이 꽤 있을 겁니다. 완전히 핑계입니다. 그들에게 "자신의 삶을 정돈하는 게 가장 중요한 일이야"라고 말해주길 바랍니다. 그리고 감사력을 키워보라고 권해주길 바랍니다. 감사는 변화무쌍한 현실에서 삶의 균형을 잡아주는 균형추라고 말이죠. 이처럼 주변에 감사 바이러스를 추천하는 것! 그것이 지금 우리가 해야 할 일입니다. 그래야 세상이 바뀝니다. 아주 조금이라도 말입니다.

감사의 재료, 진선미

감사할 일들은 당연시하며 기억에서 지워버리고, 화나거나 불행한 일들은 이를 갈며 기억하는 것이 인간입니다. 그래서 우리의 무의식은 행복보다 불행을 더 많이 기억하고 있습니다.

인류의 보편적 경험인 집단무의식도 대부분 부정적인 것이 많습니다. 집단을 위해 개인의 희생을 강요하던 농경문화, 강자 옆에 붙어야 목숨을 부지하던 일제 강점기와 전쟁의 경험, 과정보다는 결과를 중시하는 군사문화, 수단과 방법보다는 쟁취가 중요한 출세지상주의, 편 가르기와 집단이기주의, '내로남불' 같은 것이 그렇습니다.

게다가 오늘날의 언론은 주로 부정적이고 자극적인 뉴스들을 더 많이 보도합니다. 이처럼 감사의 입력보다 불행의 입력이 더 많으니 감사력이 출력되지 않는 것입니다. 결국 감사한 삶을 살려면 우리 스스로 감사의 재료를 찾아서 공급해야 합니다. 감사의 재료들은 진실한 것, 아름다운 것, 선한 것, 즉 '진선미(眞善美)'에 속하는 것이 대부분입니다.

1. 양질의 정서적 양분

신체적 탈진보다 정서적 탈진이 더 무섭습니다. 사랑과 감동을 많이 공급할수록 행복지수가 높아지고 삶에 감사의 열매가 열립니다. 정서적으로 부유하면 이타적 삶을 살게 되지만, 정서적으로 고갈되면 이기적 삶을 추구하게 됩니다.

2. 감동적인 지적 양분

좋은 책, 감동적인 스토리를 가까이해야 합니다. 인간을 기본으로 한 지혜와 지식이 새로운 세계를 열어줍니다. 편협하게 내가 알고 있는 정보에서는 꿈이 생기지 않습니다. 영화도 진선미에 관련된 것들을 봐야만 감사가 넘칩니다. 선정적이거나 자극적인 것을 보면 점점 더 큰 자극을 요구하게 되고, 현실감에서 멀어지기 때문에 감사가 고갈되는 비극적인 삶을 살게 됩니다.

3. 정서적, 관계적, 사회문화적 양분

은혜로운 사람, 사랑이 많은 사람, 새롭게 도전이 되는 사람, 배울 점이 있는 훌륭한 사람, 나의 도움이 필요한 사회적 약자를 많이 만나야 합니다. 만남을 통해 감사가 회복됩니다. 동시에 나의 존재를 확인하게 되고 생동적인 삶을 살게 됩니다.

4. 자연과 문화적 양분

늘 자연을 가까이하는 것이 좋습니다. 여행을 통해 자연과 문화를 체험하고, 좋은 음악과 예술을 보면서 경이로움을 느끼는 것이 필요합니다. 특히 여행은 자신을 들여다보는 외부의 창입니다. 이색적인 것을 탐닉하기보다 아름다운 자연을 누리는 여행이 감사가 회복되는 비결입니다.

　감사의 재료는 실로 무한하지만 나의 수용, 나의 표현, 나의 체험이 감사력을 좌우합니다. 문제는 마음의 눈이 열리느냐 아니냐에 있습니다. 눈은 스스로 떠야 합니다.

　감사의 재료 중에는 친절도 있습니다. 감사의 삶을 살아가려면 먼저 적극적으로 사람들을 사랑하고 섬기고 친절을 베풀어야 합니다. 친절은 상대방에게 감사를 유발하는 행동이니, 서로 감사를 주고받게 되는 상승효과가 있습니다. 상대방에게 감사하면 감사의 응답이 오고, 친절을 베풀면 친절의 응답이 오게 마련이니까요. 그러한 관계 속에서 감사가 풍성한 삶을 만나게 될 것입니다. 이른바 '감사의 부메랑효과'입니다.

　인간은 남과 더불어 살도록 만들어진 사회적 동물입니다. 본능적으로 타인이 보이는 반응을 통해 나의 태도와 행동을 조절하게 됩니다. 우리가 상대방 표정을 보고 몇십 분의 1초만에 상대의 감정을 읽을 능력을 갖추게 된 까닭도 여기 있습니다. 특히 상대가 기뻐하는 표정을 가장 빨리 포착한다고 합니다. 어린아이가 부모의 표정을 보고 반응하는 것을 생각하면 이해가 쉬울 것입니다.

물론 감사 인사를 받기 위해 친절을 베풀라는 뜻은 아닙니다. 하지만 상대방에게 친절을 베풀어 기쁨이라는 과실을 얻어낸다면 그거야말로 아름다운 삶일 것입니다. 진선미의 가치를 찾아 실천하는 일, 내일까지 미루거나 주저할 이유가 없습니다.

PART

4

삶의
처음과 끝에서
"감사합니다!"

01

인생을
완성하는 '감사'

삶의 마지막 순간에 가장 많이 하는 말

이제껏 내가 만나본 인물 중에 고(故) 강영우 박사처럼 밝고, 상대방을 행복하게 만들어주는 사람은 없었습니다. 그의 앞에만 서면 나도 모르게 무장해제가 되었고, 자연스럽게 '내가 참 소중한 존재구나' 하는 느낌이 들었습니다. 영혼이 소생하는 느낌마저 들었습니다.

훌륭한 사람이나 유명한 사람을 만나보면 두 가지 유형이 있습니다. '그 자신이 중요한 사람'이라고 느끼게 만드는 유형과 '내가 소중한 사람'이라고 느끼게 만드는 유형입니다.

어떤 사람을 만난 후 내가 굉장히 소중하다고 느끼게 되었다면 매우 수준 높은 사람을 만난 것이니, 그를 자주 만나길 바랍니다.

강영우 박사는 13세 때 아버지를 여의고, 14세 때 공에 맞아 시력을 잃고, 어머니마저 잃었습니다. 뒤이어 부모님 대신 동생들을 위해 열심히 일하던 누나마저 숨졌습니다. 남은 세 남매는 뿔뿔이 흩어지면서 소년 강영우는 맹아중학교에 들어갔습니다. 그 시절의 맹인은 점자나 익히고 사회에 나와 안마사가 되는 것이 일반적이었지만, 그는 대학을 목표를 열심히 공부했습니다.

그때 봉사를 왔던 숙명여자대학교 1학년생 누나가 훗날 아내가 된 석은옥 여사였습니다. 석 여사의 헌신적인 순애보는 참으로 감동적입니다. 그런 아내에게 그는 진심 어린 감사의 편지를 쓰고 인생을 마감했습니다.

'50년 전에 만난 예쁜 여대생 누나, 당돌한 여대생이었던 당신은 하나님이 내게 보내신 날개 없는 천사였습니다. 이 순간 나의 가슴을 가득 채우는 것은 당신을 향한 감사함과 미안함입니다. 아직도 눈부시게 빛나고 있는 당신을 가슴 한가득 품고 떠납니다. 더 오래 함께해주지 못해 미안합니다. 나의 어둠을 밝혀주는 촛불, 사랑합니다. 사랑합니다. 사랑합니다.

내 삶을 변화시키는
감사의 기적

그리고 고마웠습니다.'

시각장애인이라는 이유로 대학 원서접수를 거부당하기도 했지만 결국 연세대학교에 입학할 수 있었고, 차석으로 졸업한 뒤 아내와 함께 1972년 미국 유학길에 올랐습니다. 피츠버그대학교에서 교육학으로 한국인 최초의 시각장애인 박사가 되었고, 2001년 부시 행정부 시절, 미국 이민 100년 한인 역사상 최고위직이던 백악관 국가장애위원회 정책차관보로 발탁되었습니다. 이후 유엔 세계장애위원회 부의장, 소아마비를 극복한 프랭클린 루스벨트 대통령을 기리기 위해 설립된 루스벨트재단의 고문 등을 역임하기도 한 입지전적인 인물입니다. 하지만 안타깝게도 2011년부터 췌장암으로 투병생활을 시작하다가 이듬해 세상을 떠나고 말았습니다. 삶이 고난의 연속이었지만, 그는 그 누구보다 밝고 아름다운 삶을 살았습니다.

고인이 세상을 떠나기 1년 전, 방한했을 때 단둘이 식사하면서 두 시간 가까이 많은 대화를 나누었는데 삶에 대한 진심어린 조언을 아끼지 않았습니다. 그중에서도 가장 인상적이던 것은 '나를 귀하게 여기는 마음'이었습니다. 그리고 "작은 공동체에 안주하지 말고 어두운 세상의 빛이 되라"는 말씀도 해주셨습니다. 교회 안에서만 빛이 되려 하지 말고 어두운 세상으로 나가 역할을 하라는 말씀이었습니다. 보실 수는 없겠지만 지면을 빌려 다시 한 번 감사하다는 말씀을 드립니다.

세상을 떠나기 전에 지인들에게 편지를 보내셨는데, 그 안에 숭고한 삶의 비결이 숨어 있었습니다. 그것은 바로 '감사'였습니다.

'누구보다 행복하고 축복받은 삶을 살아온 제가 이렇게 주변을 정리하고 사랑하는 사람들에게 작별 인사할 시간을 허락받아 감사합니다. 한 분 한 분 찾아뵙고 인사드려야 하겠지만 그렇게 하지 못하는 점을 너그러운 마음으로 이해해주시기 바랍니다. 여러분들로 인해 저의 삶이 더욱 사랑으로 충만했고 은혜로웠습니다. 감사합니다.'

또한 이런 말도 남겼습니다.

'마지막 생일 케이크의 초를 켜면서 나는 소원을 빌지 않았다. 그 대신 감사기도를 드렸다. 내가 원했던 것보다, 간구했던 것보다 몇백 배의 것을 주셨는데 더 바랄 것이 무엇이 있겠는가?'

그는 진실로 감사의 의미를 깨닫고 온몸으로 실천하는 사람이었습니다. 삶의 마지막 순간까지 감사의 소중함을 알려주고 떠나셨습니다.

나는 강영우 박사를 통해 평생 잊을 수 없는 귀중한 교훈을 얻게 되었고 '누가 가장 성공한 사람일까?'에 관하여 깊은 사

색에 빠지게 되었습니다. 그리고 '인생의 끝을 감사로 마무리할 수 있는 인격과 역량을 가진 사람이 가장 행복한 사람'이라는 결론에 도달했습니다. 이런 사람들은 나를 바꿔 우리와 세상까지 바꾸는 훌륭한 위인들입니다.

김수환 추기경도 선종 이삼일 전부터 "감사합니다" 하는 말씀을 많이 하셨고, 유언도 "그동안 사랑을 너무 많이 받았습니다. 고맙습니다. 여러분도 사랑하면서 사세요"였다고 하죠.

삶의 마지막 순간 즈음이 되면 후회가 많이 생긴다고 합니다. "그때 무엇무엇을 해야 했는데, 이제 시간이 없네" 같은 회한이지요. 감사의 삶을 살지 못해서 드는 후회도 있습니다.

일본 도호대학교 오모리병원 완화케어센터에서 일하는 호스피스 전문의 오츠 슈이치 박사는 1,000여 명의 환우가 어떻게 생의 마지막을 맞이하는지 관찰했습니다. 죽음을 앞둔 환우들을 심층 취재하면서 《마지막 순간에 후회하는 25가지》라는 책을 엮었는데, 후회 중 한 가지가 사랑하는 사람에게 "고마워요"라고 말하지 않은 것이었습니다.

드라마나 영화에서 많이 나오죠? 부모님과 생의 마지막 이별을 할 때 흔히 이런 말을 주고받습니다.

"그동안 감사했어요. 저의 부모님이셔서."

누구나 쉽게 할 수 있는 말,
사전적 의미를 모르는 사람이 아무도 없는 말,
하지만 실천하는 사람은 그리 많지 않은 언어 습관이
바로 '감사합니다'입니다.

"고맙다. 나의 아들딸아."

"우리 곁에 와줘서 고맙다"는 말이 우리가 이 세상에 태어났을 때 부모님이 처음으로 해주시는 인사말인 것처럼, 우리는 부모님을 떠나보내면서 "감사합니다"라는 말을 하곤 합니다. 그런데 이런 좋은 표현을 조금 더 일찍 하면 어떨까요? 조금이라도 더 건강하실 때 말이죠.

누구나 쉽게 할 수 있는 말, 사전적 의미를 모르는 사람이 아무도 없는 말, 하지만 실천하는 사람은 그리 많지 않은 언어 습관이 바로 '감사합니다'입니다. 오늘부터 실천하길 권합니다.

어머니의 삶과 죽음 사이에서 배운 감사

"어머니의 죽음 앞에서도
자연스럽게 감사할 일이 생각났습니다."

지금은 고인이 되신 나의 어머니가 돌아가시기 전에 몇 번 위독한 상태가 되면서 자녀들이 모인 적이 있었습니다. 고통 가운데 계셨던 어머니의 부탁은 "빨리 데려가 달라고 기도해

달라"는 것이었습니다. 말씀은 그렇게 하셨으나 세상과의 인연의 끈을 놓지 않으셨습니다. 그런데 병상에 누워 계신 어머니를 두고 몇 달간 해외 출장을 가야 할 상황이 발생했습니다. 임종에 대해 걱정을 하지 않을 수 없어 고민하다가 어머니 앞으로 감사의 편지를 써놓고 비행기를 탔습니다.

'어머니, 감사합니다. 어머니는 제게 선물입니다. 살아 계셔서 감사합니다. 오래 사셔서 계속 기도의 사명을 감당해주세요'로 시작하는 열 가지 제목의 감사였는데, 어머니가 잘 보실 수 있도록 아예 패널로 크게 만들어서 벽에 붙여놓았습니다.

평생 사랑해주셔서 감사합니다.
낳아주시고 길러주셔서 감사합니다.
사랑의 본이 되어주셔서 감사합니다.
날마다 기도해주셔서 감사합니다.
큰 꿈을 갖도록 격려해주셔서 감사합니다.
좋은 학교, 좋은 대학교에 보내주셔서 감사합니다.
큰 인물이 되도록 영감을 주셔서 감사합니다.
신앙생활의 본이 되어주셔서 감사합니다.
가족과 친척들을 섬기는 본이 되어주셔서 감사합니다.
평생 저를 위해 흘리신 눈물과 헌신과 수고에 감사드립니다.

그러다가 바다 건너로 연락이 왔습니다. 병석에서 아무 소망 없이 고통 속에 계시던 어머니가 그 편지를 보시고는 건강이 완전히 회복되셨다는 기적 같은 전갈이었습니다. 조금씩 걸어 다니시더니 심지어 가끔은 밖에도 나갈 정도로 건강을 되찾으셨다는 소식에 너무 기뻤습니다.

나중에 귀국해서 찾아뵈었더니 육신의 회복은 물론 정신까지 맑아지셔서 특유의 기품을 회복하셨습니다. 당신에게 온 마음을 다해 진심으로 감사하는 아들이 있다는 사실을 알고 회복되신 것입니다. 자신이 살아야 할 이유, 존재 이유를 발견하셨던 것이죠. 이렇게 나는 감사의 놀라운 힘을 경험했고, 감사의 신세계를 만났습니다.

감사는 충격입니다. 감사는 나의 기쁨이면서 상대방의 존재 이유를 설명해주는 강력한 단어이기도 합니다. 또한 감사는 최고의 칭찬이고 격려입니다. 영성을 회복시키고, 환경을 바꾸고, 나를 살리고, 남을 살립니다. 감사는 이렇게 모든 관계를 회복시킵니다.

어머니는 '고통받는 여인상'의 전형이셨습니다. 극단적인 가정폭력의 희생자였음에도 자녀들에게 모든 것을 쏟아붓고, 훌륭하게 키워낸 분이셨습니다.

사실 우리는 모두 부모님으로부터 만 가지 은혜를 입었습니다. 생명과 삶이라는 가장 큰 선물까지 받았음에도 한두 가지 섭섭한 일 때문에 감히 감사를 접을 때가 많습니다. 감사한 일은 기억하지 않고 사소한 문제에만 천착하기 때문에 생기는 일들입니다.

"인간이 어떻게 이토록 터무니없을 정도로 감사할 줄 모르는가. 이상할 정도로 감사할 줄 모르는 인간. 사실 나는 인간에 대한 최고의 정의가 '감사할 줄 모르는 두 발 달린 존재'라고 생각한다"라고 했던 도스토옙스키의 말처럼 어이없는 일이죠.

결국 어머니는 2020년 1월, 92세를 일기로 소천하셨습니다. 처절한 일생을 사셨던 한 많은 여인의 우주가 저물어가는 모습을 뵙는 와중에도, 슬픔에 말문이 막히는 그 순간에도 나는 몇 가지 감사할 일을 떠올렸습니다. 감사할 일이 많아서 자연스럽게 감사기도를 드릴 수 있었습니다. 몇 가지만 발췌합니다.

1. 이별할 시간도 없는 돌연사나 사고사가 아닌 것에 감사했습니다. 고통 없이 천국에 오르셨으니 얼마나 다행인지요.
2. 지구에서의 마지막 사흘 전 어머님 곁에 가족들이 모여앉아 화기애애하게 찬송하는 모습을 보여드렸습니다. 당신 역시 기뻐하시면서 위독한 상태에서도 찬송가를 부르시

다가 고통 없이 천국에 올라가신 것, 감사했습니다.

3. 내가 계속해서 강조하고 있는 '절대감사'의 산증인으로서 역할을 다해주신 것, 감사했습니다.

4. 늦게 믿음을 가지셨지만, 자녀들에게 기도의 씨앗을 심어 감사하는 삶을 살게 해주신 것, 감사했습니다.

5. 평생 아버지 때문에 큰 상처를 입고 고통을 겪었지만, 자녀에게 헌신하며 희생하신 점, 강한 정신력과 깊은 통찰력, 높은 기준의 기품 있는 삶, 눈물과 인내와 기도의 고귀한 삶으로 깊고 깊은 사랑의 모델이 되어주신 것, 감사했습니다.

6. 저희 형제에게 아름다운 추억을 만들어주셨습니다. 고난의 여인상, 고상한 여인상으로 시인 형제에게 소재가 되어주신 것, 감사했습니다.

7. 최고의 음식 대접, 수준 높은 살림살이, 효율적인 재정관리, 탁월한 대인관계로 덕망이 높으셨던 어머니와 많은 추억을 남길 수 있었습니다. 그러한 60년을 같이 지내는 축복을 주신 것, 감사했습니다.

돌아가신 후에는 사모곡도 한 수 지어 올렸습니다.

〈눈물〉

오지게 슬픈 날 저녁
식어가는 어머님 손잡고
찬송하며 기도하는 날
갑자기 눈물이 터져 나와
오열하는 날이네요
발인 예배에서
조사를 하던 날
어머니의 고통을 읽다
다시 오열하며
뜨거운 눈물을 흘린 날이네요
수목장 마친 다음 날
고마운 이들에게 감사하던 날
갑자기 앞이 캄캄하며
끝없이 눈물샘이 흐르는 날이네요
눈물 없는 사람의 고독을 아셨나요

어머니는 보석 같은 눈물을
선물로 주고 가셨네요

내 삶을 변화시키는
감사의 기적

나의 어머니

아버지의 삶과 죽음 사이에서 배운 감사

《자연인, 자성인, 자유인》이라는 자서전을 집필하다가 나의 무의식 속에 '고난받는 여인의 심상'이 깊게 뿌리 박혀 있음을 알게 되었습니다. 정신의학자 칼 융의 이론에 의하면 '남성의 무의식 속에 있는 여성적 요소', 즉 '아니마(Anima)'가 내면에 자리를 잡게 된 것입니다. 이는 어린 시절의 경험과 깊은 연관이 있습니다.

5세 무렵, 마당에서 피 흘리는 어머니의 머리채를 끌고 다니던 아버지의 모습을 아직도 생생히 기억합니다. 나는 그때 너무 무서운 '고통의 심연'을 경험했습니다. 이런 일들은 계속 반복되었습니다. 그때마다 어린 소년은 아버지를 붙잡고 울면서 "제발 엄마 좀 때리지 마세요"라고 애원했습니다. 그래도 폭력은 사라지지 않았으니, 소년의 상처와 무력감은 날로 커져만 갔습니다. 너무 힘들었습니다. 성장한 후에도 그 불쌍한 소년은 나의 인격과 삶 속에 '성인 아이'로 남아 있었습니다. 자아상이 막 형성될 무렵에 받은 충격이라 일생일대 가장 큰 트라우마가 되어 성인이 될 때까지 괴롭혔습니다. 그런데 과연 이러한 전인격적인 고통과 무력감을 어떻게 극복할 수 있었을까요?

나는 원체 신체적으로 허약한 아이였습니다. 상처가 많은 가정환경에서 자라다 보니 심신이 허약하고, 친구도 별로 없고, 혼자 지내는 것을 좋아하는 아이가 되었습니다. 성적도 좋을 리 없었죠. 결정적으로 아버지의 사랑도 부족한, 즉 결핍이 많은 인생이었지만 대학 시절부터 시작한 신앙생활을 통해 빈 곳을 채워나갔습니다. 그 결과 영적인 회복이 일어나면서 내면의 문제도 함께 드러나고, 치유되고, 회복될 수 있었습니다. 워낙 몰입했기 때문에 내적 변화와 외적 성장이 빠르게 이루어졌습니다.

상황 재구성의 능력을 키워 고통의 심연에 건강한 에너지를 채웠습니다. 그 결과 역설적이지만 과거의 고통이 생존 에너지가 되면서 과거로부터 자유로운 삶을 살 수 있게 되었습니다.

또한 시련은 사명감의 자양분이 되었는데, 이는 성취 에너지로서 봉사 활동으로 분출되었습니다. '사랑의병원'과 '국제 사랑의봉사단' 일원으로 전 세계를 다니면서 '이웃사랑'을 실천했습니다. 코로나19 이전까지만 해도 27년 동안 전 세계

125개국을 돌아다니며 꾸준히 봉사 활동을 했습니다.

이 엄청난 에너지의 원천이 바로 어린 시절의 고통스러운 경험이었던 것입니다. 일종의 역작용 메커니즘이죠. 과거의 가장 극심했던 고통을 에너지원으로 활용할 수 있게 되면서부터 인간의 한계와 연약함, 무력함을 깊이 인식했습니다. 이처럼 고통과 시련은 활용하는 사람에 따라 좌절과 절망의 원인이 되거나 생존과 성취를 위한 에너지원이 될 수 있습니다.

묵상을 통해 아버지를 용서하는 방법도 찾아내면서 아버지에 대한 고통스러운 기억이 오히려 감사의 제목으로 바뀌는 경이로움도 맛보았습니다. 내 생애 가장 고통스러운 사건이던 아버지라는 존재가 감사의 조건임을 깨닫게 된 것은 상황을 재구성하는 감사 유전자 덕분이었습니다. 결국 그걸 물려주고 가셨으니 감사하지 않을 수 없습니다. 상황 재구성 능력은 노력의 결과물이기도 하지만 부모님으로부터 물려받지 않았다고 자신할 수는 없습니다.

가장 충격적인 사건은 그렇게 포악했던 아버지가 말년에 종교에 귀의하셨다는 사실입니다. 치매가 진행되고 있었지만 동시에 영적 갈급함도 같이 있으셨던 것으로 기억합니다. 부모님 두 분이 공유한 고통의 시간은 길었지만, 그래도 가해자와 피해자 모두 주님을 만나 천국에 입성하신 것은 너무나 감사한 일입니다. 31년 동안 아버지 구원을 위해 드렸던 나의 기도가 응답받은 것 같아 이 또한 감사했습니다.

아버지의 장례식장에서는 되도록 슬픈 찬송은 빼고 기쁨의 찬송, 감사의 찬송, 부활의 찬송을 주로 불러드렸습니다. 발인 예배 때는 다른 사람에게 많은 상처와 고통을 안겨주신 분의 삶이 내게는 오히려 감사의 조건이었음을 고백하는 시간도 가질 수 있었습니다. 아버지와의 관계가 감사로 마무리된 것은 지금 생각해도 눈물이 나게 고마운 일입니다. 미워했지만 동시에 측은함도 느껴지는 분이셨습니다. 아버지, 감사합니다.

가족을 진정한 가족으로 거듭나게 하는 감사

의사 초년생 시절, 영화의 한 장면처럼 사랑에 빠졌습니다. 첫눈에 반한 뒤 하루도 빠짐없이 만나다가 6개월 만에 결혼에 골인했습니다. 사실 서로에 대해 깊이 알 시간이 없었죠. 결혼 후 오래지 않아 아내에 대한 환상이 깨져버렸습니다. 결국 첫눈에 반한 것이 비극의 시작이었습니다.

결혼은 둘이서만 한 것인 줄 알았는데, 따지고 보니 4명이 한 결혼이었습니다. 아내의 내면에 상처받은 소녀가 있었고,

상처의 흔적을 닦고
아픔의 매듭을 푼
견딤의 세월
버선발의 훈련장
그 사랑에 오늘을 산다

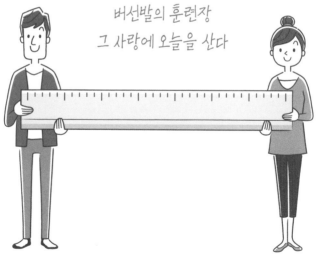

나의 내면에 분노하는 소년이 있었던 것입니다. 노력한다고 하기는 했지만 어릴 때 아버지로부터 받았던 상처가 여전히 아물지 않고 남아 있었던 것입니다. 이를 알게 된 뒤 시를 한 수 적었습니다.

〈아내〉

최고급 와인처럼
이십육 년 연륜
오래 묵은 내 사랑

눈가의 주름에는
해맑은 미소 피어나고
소맷자락 고운 손등엔
눈물의 흔적 피어난다

가슴속에 오래 남은 두 아이,
상처 입은 소녀와
분노에 찬 소년
이제야 어른이 되어간다

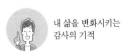

내 삶을 변화시키는
감사의 기적

상처의 흔적을 닦고
아픔의 매듭을 푼
견딤의 세월
버선발의 훈련장
그 사랑에 오늘을 산다

은총의 대지에 뿌리내리고
하늘 꿈에 지피던 숯불
그 속에서 익힌 사랑의
호호 불던 호미 손에
수많은 생명이 꿈을 펼치는

오래 구운 백자처럼
이십육 년 연륜

단단해진 내 사랑

내면의 문제를 극복하는 방법은 크게 두 가지입니다. 하나
는 내면의 문제들을 제쳐두고 다른 일에 몰두하는 것입니다.
예를 들면 사업이나 신앙생활에 몰두하여 성공을 거두면 어

느 정도는 내면의 문제를 극복할 수 있습니다. 병법으로 치면 일종의 성동격서(聲東擊西)라고 할 수 있겠습니다.

다른 하나는 문제에 직면하고 몸부림치면서 내적 치유와 전인치유를 경험하는 것입니다. 그렇게 내면이 리셋된 다음에 다시 사회 활동으로 뛰어드는 것입니다.

나는 아내의 장점과 헌신에 감사할 줄 모르는 비참한 나 자신을 목도한 뒤부터 달라지기 시작했습니다. 아내 한 사람 사랑할 수 없는 나의 연약한 모습 앞에 처절하게 무너진 다음, 치열한 자기 성찰을 통해 내면의 치유와 회복을 경험했습니다. 내면의 부정적인 생각들을 제거하고, 후회로부터 자유로워진 다음 아내에 대한 감사를 회복했습니다.

사업이나 신앙생활에 매진한 것도 분명 과거로부터 지속된 내면의 문제를 극복하는 데 도움 되었습니다. 물론 그보다는 문제에 직면하면서 감사와 은혜의 깊은 뜻을 알게 된 것이 더 주효했습니다.

과거에서 벗어날 수 있는 비결은 자신의 연약함을 인정하고, 그럼으로써 감사하는 것입니다. 자신의 연약함을 인정하지 못하는 사람은 완벽주의의 희생양으로 던져집니다. 또는 자신을 입증하려는 분노에 찬 욕구를 가진 사람은 자기 잘못을 인정하지 않고 남에게 뒤집어씌웁니다.

내 삶을 변화시키는
감사의 기적

돌이킬 수 없는 과거에 얽매인 부정적 생각들은 마치 토네이도처럼 감사를 앗아 갑니다. 많은 부부가 서로를 잘못 선택했다는 후회에 매몰되어 감사를 잊어버리고 삽니다. 많은 청년이 이미 때늦은 출신 대학 문제로, 많은 청소년이 외모 문제나 학교 성적 문제에 집착하다가 감사할 타이밍을 놓치고 살아갑니다. 인생의 처절한 실패를 경험한 노인들은 잘못 살아왔다는 자괴감으로 감사와 거리가 먼 여생을 소비하고 있습니다.

이기적인 사람들은 욕심이 많아서 당연한 것에 대해서는 감사함을 잘 느끼지 않습니다. '당연의식'에 젖어 신의 축복을 당연한 것으로 치부해버리면 감사는 신기루처럼 사라져버립니다. 모든 걸 경이로운 것으로 인식해야 비로소 감사함이 우러납니다. 하루하루의 삶이 새롭고, 신기한 선물로 느껴져야 감사하게 됩니다.

같은 의미로 배우자라는 존재가 공기처럼 당연한 것이 아니라 값진 선물로 느껴져야 감사한 마음이 들게 마련입니다. 평생 서로를 선물로 인식하고, 그 선물을 요리조리 뜯어보며 경이로움을 느끼는 부부가 되길 바랍니다. 모든 환경, 모든 사건, 모든 만남에 감사하는 행복한 가정이 되길 기도합니다. '모든'이라는 말속에 '범사'가 있습니다. 행복은 특별한 것에서 오는 게 아닙니다. 평범한 일상 속에서 찾는 것이고, 오는 것입니다.

2004년 5월 26일, 내가 쓴 《나를 행복하게 하는 것들》을 소개합니다. 감사는 특별한 일이 있을 때만 하는 것이 아니라는 것. 평범한 일상 속에 수많은 감사거리, 행복거리가 있다는 사실을 알리고자 합니다.

나는 아내와 아이들을 생각하면 행복해진다. 아내가 멀리 떨어져 있을 때나 가까이 있을 때나 그렇다. 아이들은 멀리 있지만, 왠지 신뢰가 가고, 얼굴을 떠올리면 행복감에 도취한다.

서산에 있는 '꿈의학교'를 생각하면 괜히 뿌듯해진다. 선생님들의 사명에 찬 생동감, 학생들의 살아 있는 눈빛과 빛나는 창의성, 아시아, 아프리카, 중남미 등지에서 '사랑의봉사단'과 동역하는 선교사들과 현지인들, 생각만 해도 기쁨이 된다.

특히 케냐 마사이의 엘레라이 공동체, 태국의 메짠 및 빠마이 공동체는 마음의 고향이다. 분당과 인천에 있는 '꿈이있는교회' 지체(肢體)들은 기쁨의 샘물이고, 경제문화공동체인 '이롬(erom)'의 가족 모두는 그저 사랑스럽다.

지난 설날에 입었던 한복을 생각하면 어쩐지 기분이 좋다. 내가 좋아하는 책들과 CD, DVD도 기쁨이다. 내가 사는 아파트, 거실 벽에 걸려 있는 그림도 나를 행복하게 한다. 무엇보다 나는 글을 쓰는 시간이 좋다. 특히 '꿈의 발전소'를 쓰는 동안에 나는 흥분이 되고, 스스로 기대감이 생긴다. 어떤 글이 탄생할지 기대하고 컴퓨터 앞에 앉는다.

가끔 아내와 같이 영화관에 가서 먹는 팝콘과 콜라도 행복감을 준다. 반가운 사람과 마시는 모카커피도 좋고, 아침마다 두유에 타 먹는 생식도 남모르는 기쁨이다. 격주로 오르는 청계산 등반과 동네 개울을 따라 걷는 산책도 마냥 좋다. 불평거리와 문제에 빠져 있으면 수많은 감사거리를 그냥 지나치기 쉽다.

나의 가족은 워낙 여러 나라에 흩어져 살고 있어서 한번 모이기가 보통 힘든 게 아닙니다. 그래서 오래간만에 한데 모이면 즐겁기 그지없죠. 그러나 그 기쁨도 얼마 지나고 나면 시들해집니다. 원래 가족이 좀 그렇잖아요? 그래서 시작한 것이 '가족 감사 모임'입니다. 모이기만 하면 서로에게 덕담하고, 감사하다고 화답하고, 눈을 마주치며 웃는 시간입니다. 이러다 보면 반목이 들어설 틈이 없습니다.

　감사야말로 가족을 진정한 가족으로 거듭나게 하는 가장 좋은 방법입니다. 감사는 나눌수록 커지고 풍성해지면서 시간 가는 줄 모르게 만듭니다. 반면에 가족들을 서로 힘들게 하는 것이 짜증입니다. 짜증이라는 스트레스는 자신의 안전이 위협받았을 때, 내가 받아야 할 정당한 대우를 받지 못했을 때 주로 생깁니다. 특히 누군가가 내 권리를 침해했을 때 더 그렇죠. 박탈감이 들기 때문입니다. 가족이 이런 선을 넘어오면 타인이 그러했을 때보다 더 크게 화를 내게 됩니다. 서로를 누구보다 잘 알고 있어서 그렇습니다. 말의 가시가 품은 의도를 잘 알기 때문에 가족의 연을 끊느니 마느니 하면서 필요 이상으로 다투곤 하는 것입니다. 이를 극복할 가장 좋은

방법이 감사 모임입니다.

인간의 모든 권리는 잠시 주어진 것입니다. 그 권리는 특권이 아니라 특혜입니다. 본래 내 것이 아니라 신이 선물로 잠시 준 것이기 때문입니다. 내 권리가 침해당했다면 잠시 특혜를 상실했을 뿐이라고 인식해야 합니다. 오히려 그동안 권리를 누릴 수 있었음에 감사해야 합니다.

이런 말을 진심으로 해줄 수 있는 존재는 가족뿐입니다. 가장 가까운 이웃인 가족을 통해 그동안 당연시하고 살았던 인생의 선물에 대해 새로운 시각을 갖게 되는 것은 축복이 아닐 수 없습니다. 가족은 내가 날 때부터 함께 있었다고 해서 결코 당연한 존재들이 아닙니다. 세상 그 무엇과도 바꿀 수 없는 신의 선물입니다. 함부로 막 대해서도 안 되고, 공기처럼 당연한 것으로 여겨도 안 됩니다.

인생이라는 레이스를 감사히 완주하는 법

웨스트민스터 사원에 있는 어느 성공회 주교의 묘비명을 소개합니다.

젊은 시절의 나는 '세상'을 바꾸겠다고 꿈꿨습니다. 나이가 들자 세상이 변하지 않으리라는 것을 알았습니다. 시야를 좁혀서 내가 사는 '나라'를 변화시키겠다고 결심했습니다. 하지만 그것도 불가능한 일이었습니다. 황혼이 되었을 때 마지막으로 가장 가까운 '가족'을 변화시키기로 했습니다. 그러나 이번에도 달라진 것은 없었습니다. 죽음을 앞두고서야 나는 문득 깨달았습니다. 만일 나 자신을 먼저 변화시켰더라면 그것을 보고 내 가족이 변화되었을 것을. 그럴 때 용기를 내어 내 나라를 좀 더 좋은 곳으로 바꾸고, 마침내 세상까지 변화시킬 수 있었을 것을…….

세상에서 가장 위대한 일은 나를 바꾸는 것입니다. 그래야 내가 속한 가정과 직장이라는 작은 공동체가 바뀌고, 나아가 국가와 세상이 바뀔 수 있기 때문입니다. 그래서 가장 힘들면서 중요한 일이기도 합니다. 나를 바꾸는 일은 세상을 바꾸기 위한 위대한 도전입니다.

나는 지난 2011년에 나의 한계가 어디까지인지 알고자, 그래서 나를 바꿔보고자 마라톤 종주에 도전한 적이 있습니다. 그냥 평범한(?) 마라톤이 아니었습니다. 하루에 12시간씩 7일 동안 필수장비만 가지고 약 250킬로미터를 달려야 하는

익스트림 스포츠, 중국 고비사막마라톤대회(Gobi March)였습니다. 이 대회는 출전하기 전에 '달리다가 죽어도 좋다'는 서명을 해야 할 만큼 험한 코스로 유명합니다. 숙박 텐트와 하루 9리터의 물을 별도로 제공하는데, 그 외에는 일체 외부의 지원을 받지 못합니다. 그야말로 인간 한계에 도전하는 것이죠.

'선수'들 사이에서조차 힘든 코스로 유명하니, 오십 중반의 나이에 도전하기엔 분명 무리였습니다. 게다가 나는 평지 마라톤조차 달려본 적이 없는 초보자였으니까요. 하지만 도전하고 싶었습니다. 사막 한가운데에 나 자신을 내던져, 마주치게 될 한계상황을 알고 싶었습니다. 도전하지 않으면 감사할 일이 절대로 생기지 않는다는 것을 알고 있었기 때문입니다. 감사는 저절로 찾아오지 않는다는 것을 누구보다 잘 알고 있었기 때문에 직접 찾아 나서는 길이기도 했습니다.

나름대로 3개월 동안 몸을 만들어 참가했지만, 최고 57도까지 기온이 올라가는 사막에서 일주일치 식량과 70개 필수 장비를 담은 배낭을 메고 달렸던 기억은 지금 생각해도 식은땀이 흐릅니다. 오로지 기도의 힘으로 버텼던 것 같습니다.

참가 전에는 "이제 우루무치로 출발합니다. 고비사막마라톤에서 아름다운 열정을 불태우겠습니다. 지금까지 준비한 것만으로도, 킹덤 레이서(Kingdom Racer)로 이 믿음의 경주에 참여한 것 자체만으로도 절반의 성공입니다"라고 기도했습니다.

첫날 탈락 위기 직전에는 "지금까지 온 것만으로도 감사한 일입니다. 혹시 오늘 안되면 다음엔 더 열심히 준비해서 도전하겠습니다. 그러나 오늘 하루는 최선을 다하겠습니다"라고 기도하며 버텼습니다.

기적적으로 3구간을 통과한 뒤에는 "최선을 다하게 해주셔서 감사합니다. 3구간을 기적적으로 통과한 것만으로도 충분합니다"라고 했습니다.

둘째 날, 셋째 날을 지나면서는 더위, 추위, 목마름, 배고픔, 통증, 조급증, 고립감, 무거운 배낭과의 싸움 등에서 패배하지 않은 것만으로도 감사하다고 기도를 올렸습니다. 이런 식으로 조금씩 상황을 재구성하며 감사기도를 올리다 보니 순간을 넘어 하루를 버틸 수 있었습니다.

하지만 안타깝게도 더 이상 무리하면 안 된다는 의사의 권유로 나흘 만에 포기하고 말았습니다. 아니 오히려 편안한 마음으로 달렸기 때문에 사흘이라도 버틸 수 있었던 것 같습니다.

비록 완주에는 실패했으나 도전을 통해 많은 것을 얻었습니다. 원래 세웠던 계획에 대한 집착을 버리고 초심으로 돌아

가서 도전의 의의를 찾을 수 있었습니다. 목표를 세우고 도전하고, 실천하는 과정을 거치는 사람들은 보통 세 가지로 나뉩니다.

계획대로 될 것이라고 믿는 하수, 변수와 장애물을 예상하고 준비하는 고수, 계획에 대한 집착까지도 버려버리고 본래 의도를 이루는 초고수입니다. 초고수는 과감하게 초심으로 돌아갈 줄도 아는 사람입니다.

'길을 잃었을 때 길을 찾는다'라는 말처럼 계획이 틀어졌다고 좌절할 필요는 없습니다. 엎어진 김에 잠시 쉬어 가는 시간을 갖고 새로운 길을 모색할 수 있으니, 오히려 감사한 일이라고 생각을 전환할 수도 있는 것입니다. 숲에서 길을 잃었다면 보이지 않던 꽃이 눈에 들어오고 들리지 않던 새소리를 들을 수 있는 것처럼 비즈니스를 하다가 일이 틀어지면 문제점은 없는지, 플랜 B에서 더 좋은 답이 나올 수는 없는지 고민해볼 수 있으니까요. 자고로 새로운 길을 개척하는 웨이메이커(Waymaker)에게만 새로운 길이 열리는 법입니다.

그리고 그해 가을, 춘천마라톤대회에 출전했습니다. 보통의 사람이라면 고비사막에서의 뼈아픈 실패를 교훈(?) 삼아 마라톤에 '마' 자도 꺼내지 않을 테지만, 나는 다시 레이스에 도전했습니다. 이는 고비사막에서 좌절과 맞닥뜨릴 때마다 생각의 전환을 통해 상황을 재구성했기 때문에 가능한 일이 었습니다. 고비사막마라톤에 도전하지 않았다면, 그래서 실패의 경험이 없었더라면 춘천마라톤에도 도전하지 않았겠죠. 실패를 실패로만 여기지 않고 재도전의 에너지원으로 만들 수 있었기에 재도전도 가능했습니다. 그곳에서 감사함의 중요성이라는 소득을 얻지 못했다면 여전히 마라톤은 젊은 선수들이나 하는 힘든 도전이라고 여겼을 것입니다. 명백히 감사는 불가능한 일(Impossible)을 내가 가능하게(I'm possible) 만드는 시크릿 코드입니다.

춘천마라톤대회에서 처음으로 42.195킬로미터를 완주했는데, 기록은 5시간 45분 42초였습니다. 누군가에게는 코웃음을 칠 기록이지만, 적어도 나에게는 평생 잊지 못할 감사의 숫자입니다. 마라톤을 통해 세상에 쉬운 산이 없다는 것을 새삼 느꼈고, 그것이 인생길과 비슷하다는 간단하지만 무거운 진리도 깨달았습니다. 결국 누구라도 예외 없이 가야만 하는 힘든 인생길을 감사함으로 누리면서 가느냐, 불안함으로 쫓기면서 가느냐의 차이가 있다는 것도 뼈저리게 실감했습니다.

여전히 마라톤의 '마' 자도 모르는 초보자이지만, 마라톤 같은 어려운 도전은 확실히 감사력과 연관이 있습니다. 도전이란 다음과 같은 순서를 거치게 되는데, 이 과정을 통해 감사

내 삶을 변화시키는
감사의 기적

력이 향상되는 것입니다.

1. 도전(Challenge), 출발점에 서지 않으면 결승점도 없다

출발점에 서지 않으면 당연히 골인 지점에 들어올 수도 없습니다. 위대한 인간은 도전과 실패, 도전과 성공의 반복을 통해 만들어집니다. 그래서 늘 불가능에 가까운 목표를 설정하고 도전해야 합니다. 도전하지 않으면 삶에 변화가 없으니 감사할 일도 절대 생기지 않습니다. 성공하면 좋겠지만 실패해도 괜찮습니다. 문제는 다시 일어나서 도전하느냐 아니냐에 있습니다. 실패해도 얻는 것이 있습니다. 도전에 성공하려면 몰입과 노력이 필요한데, 일단 도전을 시작하면 내가 도전할 수 있었음에 감사하게 될 것이기 때문입니다. 뿌듯한 느낌이 선물하는 감사함이 분명 있습니다. 또 그만큼 몸과 마음이 건강하다는 증거이기도 하니 감사할 일입니다. 두려워하지 말고 도전해야 합니다.

2. 동행(Accompany), 혼자서는 뛸 수 없다

마라톤 선수들에게는 페이스메이커라는 존재가 매우 중요합니다. 외롭고 힘든 대장정이기 때문에 옆에서 혹은 앞뒤에서 일정한 페이스를 맞춰주며 선수의 기록 경신을 돕는 조력자, 즉 페이스메이커가 필요합니다. 인생이라는 마라톤대회도 그렇습니다. 혼자서는 완주할 수 없는 난코스입니다. 태어나면서 자연스럽게 출전했으니 어떻게든 완주하게 될 것입니다. 다만 그 과정이 힘들었냐 아니었느냐는 주변에 나를 도와주는 사람이 얼마나 있었느냐에 달려 있을 것입니다. 평생 주변에 감사하며 살아야 하는 이유입니다.

3. 안식(Rest), 쉼이 없으면 완주할 수 없다

마라톤에서 과욕은 금물입니다. 호흡조절도 하고, 상황을 살펴가면서 달려야 합니다. 내리막길을 만났다고 무리하게 속도를 내면 곧 나타날 오르막길에서 두 배로 힘들어집니다. 골인 지점이 어디에 있는지, 언제 나타날지 알 수 없는 인생이라는 레이스도 마찬가지입니다. 적절한 휴식이 없으면, 완급조절을 하지 못하면 세상에서 가장 긴 마라톤 코스에서 낙오하기 쉽습니다.

4. 복종(Obedience), 규정을 지켜야 한다

규정을 따르지 않으면 레이스를 하다가 죽을 수도 있기 때문에 '복종'이라는 단어를 사용했습니다. 마찬가지로 사람 사는 세상에도 따라야 할 규칙이 있습니다. 잘못했으면 사과하

내 삶을 변화시키는
감사의 기적

고, 사과받았으면 용서하고, 좋은 일에는 칭찬하고, 칭찬받
았으면 고맙다고 인사해야 하는 것입니다. 귀찮은 것 같지만
이 규정에 복종하며 살다 보면 감사할 일이 많이 생길 것입
니다.

5. 돌파(Breakthrough), 장애물을 만났다고 무릎 꿇어선 안 된다

마라톤을 하다 보면 매 순간이 장애물입니다. 오르막길을
만났다고 포기해서는 안 됩니다. 인생도 그렇습니다. 살다 보
면 숱한 장애물을 만나는데, 그때마다 돌아가거나 포기해서
는 안 됩니다. 냉혹한 현실을 직시하고 거짓 희망을 경계해야
합니다. 어떻게든 되겠지? 착각입니다. 어떻게든 안됩니다.
돌파하지 않으면 나아갈 수 없습니다. 마라톤 선수들이 무릎으
로 기어서라도 골인 지점을 통과하는 이유가 여기에 있습니다.

6. 내려놓음(Laydown), 버거운 짐을 짊어지고 가서는 안 된다

만반의 준비를 배낭에 채우고 고비사막마라톤에 도전했지
만, 레이스를 펼치면서 하나하나 벗어던져야 했습니다. 그렇
지 않으면 한 걸음도 더 나아갈 수 없었기 때문입니다. 그다
음은 절대자에게 몸을 맡겼습니다. 한계상황을 명확히 인식

했으면 포기도 필요합니다. 그래야 살아서 다음 레이스에 참가할 수 있기 때문입니다. 몸이 견딜 수 없는 버거운 짐을 끝까지 짊어지고 갈 생각은 버려도 됩니다. 단, 일단 어깨에 짊어지고 최대한 달려본 다음에 판단해야 할 일입니다. 그것이 장애물을 돌파하는 방법 중 하나입니다.

7. 흔적(Trace), 지워야 산다

고비사막마라톤대회에서는 함께 달리면서 인간들이 버린 쓰레기, 즉 흔적을 치우는 사람들, 일명 스위퍼가 있습니다. 현실 세계에서 보면 자신의 존재를 증명하면서 한 줌도 안 되는 파워를 드러내려고 애쓰는 사람이 많은데, 그 끝이 추한 경우가 많습니다. 흔적을 남기지 말고 살아야 결승점을 통과한 뒷모습도 아름다울 것입니다.

8. 보상(Reward), 노력에는 보상이 있어야 한다

산악인들에게 왜 산을 오르냐고 물으면 산이 거기 있기 때문이라고 답합니다. 마라톤 선수들에게 어떻게 완주할 수 있냐고 물으면 그냥 달리면 되는 것이라고 답합니다. 말은 그렇게 하지만 목표를 달성했을 때 느끼는 감동이 너무 벅차서 계속 도전하는 것으로 알고 있습니다. 이 감정이 바로 내가 나에

게 줄 수 있는 최고의 선물입니다. 봉사 역시 감사를 바라고 하는 건 틀린 것입니다. 힘들지만 봉사하면서 드는 뿌듯한 그 알 듯 모를 듯한 희열이 바로 자신에게 주는 보상입니다.

감사력으로 행복한 삶을 살라

내 인생을 빛나게 해주는 곳은 아프리카입니다. 나는 어린 시절 '슈바이처의 꿈'을 이루기 위해 의료봉사차 아프리카를 100번 이상 누비고 다녔습니다. 그중 특히 많이 갔던 에티오피아와 케냐 그리고 우간다는 큰 기쁨이 있는 곳입니다.

나는 가장 고통받는 사람들이 가장 행복해하는 그 모습을 잊을 수 없습니다. 그들은 조금만 좋은 일이 있어도 깔깔대고 웃습니다. 특히 행복감을 가득 품은 채 해맑게 웃는 어린이들의 천진난만한 모습은 더더욱 잊을 수 없습니다. 행복은 환경이나 조건이 아니라 태도의 문제입니다. 그래서 아프리카를 갈 때마다 감사가 더 넘칩니다.

내 인생에서 '콜로라도'는 큰 의미를 갖는 곳입니다. 삶을 재발견하는 곳이고 '타자성'을 경험하는 곳입니다. 경이로움을 누리는 곳입니다. 자아로부터의 자유를 누리는 곳입니다.

내 삶을 변화시키는
감사의 기적

며칠 전 쾌적한 콜로라도를 떠나 그제는 캔자스시티의 한 모텔에서 하룻밤을 묵고, 어제는 시카고 공항 인근 호텔에서 하룻밤을 묵었습니다. 그제 밤은 열악한 환경 속에 있었고, 일행들을 떠나 홀로 보낸 어젯밤은 시끄러운 환경 속에 있었습니다. 그런데 생각해보니 이 모든 것 또한 감사의 제목이 되었습니다. 콜로라도를 벗어나니 콜로라도가 얼마나 좋은 곳인지, 공동체생활이 얼마나 행복한 것인지 새삼 깨닫게 되었으니 말입니다. 그래서 감사가 넘치는 밤이었습니다.

감사를 누리다 보니 사람이 두 종류로 보입니다. 감사인과 비감사인, 즉 감사력이 있는 사람과 감사력을 상실한 사람입니다.

우리는 모두 행복한 삶을 원합니다. 행복한 삶을 누리기 위한 실천 사항을 한번 정리해봅니다.

- 하루의 행복: 면도를 하고 샤워를 하라. 누군가에게 친절을 베풀라. 만 보를 걸어라. 감사로 하루를 마무리하라.
- 일주일의 행복: 책을 읽고 산책하고 사색하라. 사색의 바탕은 체험과 독서다. 사색은 인간을 위대하게 만들고 예지를 빛나게 만든다. 사색은 뇌를 활성화한다.
- 한 달의 행복: 여행을 하고 새 친구를 사귀라. 새로운 문화를 경험하고 도전적 삶을 살아라.
- 일 년의 행복: 가족을 귀히 여겨라. 모든 사람에게 감사의 편지를 써라.
- 일생의 행복: 끝없이 배우고 만사에 자족하고 범사에 감사하라.

많은 분의 글과 경험으로 이 책을 이루었습니다. 이 책을

내 삶을 변화시키는
감사의 기적

읽고 날마다 다섯 가지의 감사 제목을 적어보며 감사력을 전파할 모든 분께 감사의 말씀을 전합니다. 당신이 있어서 감사합니다.

내 삶을 변화시키는

감사의 기적